Seitensprung ohne Risiko

Sabine Erdmann   Wulf Schreiber

Seitensprung ohne Risiko

Wie man erfolgreich fremdgeht,
ohne erwischt zu werden

EICHBORNS SCHRÄGE BÜCHER

Sabine Erdmann, 35, arbeitet als Sekretärin bei einem großen Automobilhersteller. Sie ist seit acht Jahren verheiratet, hat zwei Kinder und betrügt ihren Mann seit fünf Jahren – zunächst in Form von kurzen Affären, mittlerweile in einer längeren Zweitbeziehung. Gegenüber ihrem Mann konnte sie alle Seitensprünge dank gut geplantem und gerissenem Vorgehen verborgen halten.

Wulf Schreiber, 40, arbeitet als Manager in der Führungsetage eines international agierenden Großkonzerns. Er ist seit zwölf Jahren verheiratet, hat drei Kinder und betrügt seine Frau regelmäßig seit drei Jahren. Obwohl diese sehr misstrauisch und intelligent ist, ist es ihr bis heute nicht gelungen, ihrem Mann einen einzigen Fehltritt nachzuweisen.

Die Deutsche Bibliothek – CIP-Einheitsaufnahme

Erdmann, Sabine:
Seitensprung ohne Risiko : wie man erfolgreich fremdgeht,
ohne erwischt zu werden / Sabine Erdmann ; Wulf Schreiber. –
Frankfurt am Main : Eichborn, 2002
ISBN 3-8218-3589-3

© Eichborn AG, Frankfurt am Main, April 2002
Lektorat: Oliver Thomas Domzalski
Redaktion: Simon Schneider
Umschlaggestaltung: Moni Port/Christiane Hahn unter Verwendung
einer Fotografie von Urhan Ergel
Satz und Layout: Jeanne van Stuyvenberg
Druck und Bindung: Werner Söderström oY, Finnland
ISBN 3-8218-3589-3

Verlagsverzeichnis schickt gern:
Eichborn Verlag, Kaiserstr. 66, D – 60329 Frankfurt
www.eichborn.de

Inhaltsverzeichnis

Vorwort 9

Vorspiel 15

Was droht, wenn das Fremdgehen auffliegt? 16
Die Scheidungskatastrophe in Euro

Wer eignet sich als Liebhaber(in)? 23
*Einige Ausschlusskriterien – damit eine Affäre
ohne Folgen bleibt*

       Die Liebesfalle 23
       Die Gesundheitsfalle 27
       Die Babyfalle 29
       Die Klammerfalle 32
       Die Perversionsfalle 33
       Die Tratschfalle 35

**Ihre Lebensversicherung – 50 todsichere Tipps für
folgenloses Fremdgehen** 39

Kleidung, Aussehen und Geruch – so kommen Sie nach
Hause, wie Sie morgens gegangen sind 42
– *Effektive Spurenvermeidung an Hemd, Bluse, Anzug und
  Kostüm* 44
– *Die Folgen körperlicher Liebesbeweise: Wie erklärt man
  Kratzspuren, Knutschflecken und blaue Flecken?* 49
– *Wiederherstellung des Originalgeruchs nach dem Bettsport* 52
– *Der abschließende Bodycheck vor der Heimkehr* 55

Das Handy und das Internet – spurenlose Kommunikation
(fast) zum Nulltarif **57**
- *Der richtige Handy-Anbieter und -Tarifvertrag* **60**
- *Kostenreduzierung durch SMS und E-Mails via Internet* . . **66**
- *Billiger als das billigste Handy-Telefonat:*
  Chatten im Internet **75**
- *Aufbewahrung des Handys – wo Ihr Partner es garantiert*
  nicht findet **77**
- *Speicherung von konspirativen Telefonnummern – einfach*
  zu merkende Verschlüsselungsalgorithmen für den Notfall **81**

Der Treffpunkt – konspirative Zusammenkünfte
ohne Belege und Zeugen **84**
- *Treffen bei ihr oder ihm – nur bei Singles in der Großstadt* **85**
- *Günstige Hotels mit großen Betten – eine Übersicht* **89**
- *Auswahl von Hotel und Parkplatz – so wahren Sie Ihre*
  Anonymität **95**
- *Einchecken, Auschecken und Minibar – der spurenlose*
  Hotelaufenthalt **97**
- *Die Polizei – statt Freund und Helfer Risikofaktor Nr. 1 für*
  Fremdgeher(innen) **99**

Finanzierung einer Affäre – so bleiben Konto und
Kreditkartenabrechnung unverdächtig **103**
- *Affärenfinanzierung durch Gehaltsreduzierung,*
  Fälschen der Gehaltsabrechnung und Schwarzkonto **103**
- *Nur Bares ist Wahres – die passende Story zur Abhebung* **108**
- *Geld für die Anreise beschaffen – so erschwindeln Sie*
  sich »kostenloses« Benzin für Ihren Ausflug **113**
- *Vertuschung des Kaufs einer Handy-Prepaid-Karte an*
  der Tankstelle **116**

Die richtige Alibibeschaffung – Wie Ihre Ausrede
garantiert dem Verhör durch den Partner standhält ... **118**
- *Wer aus welchem Grund nicht oder ganz besonders als Alibigeber taugt – von der Sekretärin bis zur besten Freundin oder dem besten Freund* **119**
- *Alibibeschaffung während der Arbeitszeit – Termine, die kaum nachzuvollziehen sind* **128**
- *Alibibeschaffung nach der Arbeitszeit – Strategien vom Schwimmbad bis zum Fitnesscenter* **130**

Schluss und Aus – Beendigung einer Affäre
ohne Nachwehen **135**
- *Emotionale(r) Geliebte(r)* **136**
- *Rationale(r) Geliebte(r)* **138**
- *Sexsüchtige(r) Geliebte(r)* **140**

Der allerletzte Tipp: Wo bewahre ich bloß
dieses Buch auf? **142**

Schlussbemerkung **144**

»Weil jeder Tag zählt«
 (Leonardo di Caprio in Titanic)

Vorwort

Liebe Leserin, lieber Leser,

es gibt ein Phänomen in Deutschland. Es heißt McDonald's. Das betriebswirtschaftliche Wunder geht so: Angeblich geht niemand hin, aber merkwürdigerweise werden trotzdem jedes Jahr hunderte neuer Filialen eröffnet. Anstatt endlich Konkurs anzumelden – wie es alle anderen Unternehmen tun müssen, wenn die Kundschaft ausbleibt –, erfreut sich die Hamburger-Bratkette bester Gesundheit. Und wenn man – natürlich rein zufällig – einmal an einem ihrer Restaurants vorbeikommt und einen Blick durch das Fenster wirft, ist es proppenvoll: Vom Blaumann bis zum Armani-Anzug sieht man Vertreter aller Bevölkerungsgruppen geduldig in der Schlange warten und Burger mit Pommes ordern. Und jeder hofft, nicht gesehen zu werden von den Gourmet-Freunden, denen er dauernd erzählt, er sei noch nie bei McDonald's gewesen.

Ganz ähnlich verhält es sich mit dem Fremdgehen: Wenn Sie sich – als eine(r) von geschätzten 40 Millionen Fremdgänger(innen) in Deutschland – in der Öffentlichkeit outen und sagen »Ich habe einen Geliebten / eine Affäre; ich hatte letzte Woche einen One-Night-Stand; ich besuche Sauna-Clubs / einen Callboy«, dann wird umgehend eine Atmosphäre eisiger Verachtung um Sie entstehen. Ihr Chef, der vielleicht erst gestern bei einer Domina ein halbes Monatsgehalt investiert hat, wird versuchen, Ihnen zu kündigen, zumindest aber Ihr verachtenswertes Verhalten schärfstens kritisieren und als potentiell geschäftsschädigend brandmarken; wenn Ihr Banker davon erfährt, wird er Ihnen den Kredit auf Ihr geplantes Eigenheim trotz einer Eigenkapitalquote von 95 Prozent verweigern und etwas von unsicheren Verhältnissen murmeln; und Ihre besten Freunde werden sich kopfschüttelnd und angewidert von Ihnen abwenden, ein letztes Wort über Moral zu Ihnen sprechen – und sich dann in ihren Porsche schwingen und mit 100 km/h durch die nächste Spielstraße brausen. Kein Mensch wird sich trauen, öffentlich Verständnis für Sie zu äußern – auch wenn jeder zweite Erwachsene in Ihrem Umfeld selbst ein mehr oder weniger professioneller Fremdgeher ist.

Die öffentliche Moral ist zäh – und sie ist, ungeachtet der Sexualisierung der Öffentlichkeit, sehr konservativ, was private Zweierbeziehungen angeht. Permanent über wilden Sex reden ist gut – aber wehe, einer tut es tatsächlich außerhalb der eigenen Zweierbeziehung. »Treue« wird am häufigsten genannt, wenn nach der Wunscheigenschaft eines zukünftigen Partners gefragt wird – schon daran merkt man, dass die Treue permanent gefährdet ist. Aber diese Tatsache wird durch allgegenwärtige Heuchelei überspielt. Die Fernsehmoderatorin Ulla Kock am Brink, deren Seitensprung mit dem Mann einer Kollegin öffentlich bekannt geworden war, bekam im Herbst 2001 monatelang die Verlogenheit der Boulevardpresse zu spüren. Sie wurde öffentlich und mit erheblichen Folgen für ihre Karriere abgestraft.
Man tut es – aber man lässt sich nicht erwischen, heißt die Devise. Sonst wird man fertig gemacht.

Was bedeutet das für Sie, lieber Leser? Nun, man verlangt von Ihnen, dass Sie lebenslänglich klaglos hinnehmen, wenn Ihre Frau seit der Hochzeit 20 Kilo zugenommen hat, sich nur noch einmal pro Monat auf 5 Minuten Sex im Dunkeln einlässt, lieber Jogginganzug als Kostüm trägt, ihre fettigen Haare in ihren Suppenteller hängen lässt und mit ihren Freundinnen unendlich lange und teure Shopping-Touren unternimmt.

Und bei Ihnen, liebe Leserin, wird vorausgesetzt, dass Sie 30 Jahre oder länger nur diesen einen Mann attraktiv finden, der am liebsten mit seinen Kumpels in der Kneipe bei Bier und Chips über Fußball philosophiert, für den die Bezeichnung »Workaholic« noch harmlos erscheint, der wegen seiner Dienstreisen mehr in Hotelbetten übernachtet als zu Hause, der seine Kinder kaum noch wieder erkennt, wenn er sie nach zehn 16-Stunden-Tagen hintereinander wieder mal für 5 Minuten zu Gesicht bekommt, und der statt voller Haare und schlankem Body nunmehr mit dickem Bierbauch, Halbglatze und Mundgeruch ins Bett steigt, sodass man Angst haben muss, dass jede körperliche Kollision zu einem Kreislaufkollaps oder Schlaganfall führt. Dass Ihr Partner sich nicht mehr dafür interessiert, was *Sie* den ganzen Tag machen, muss natürlich zusätzlich toleriert werden, und ebenso die mangelnde Zeit für den Kauf eines Rosenstraußes, einer Kino- oder Theaterkarte oder gar für ein Candlelight-Dinner beim Italiener.

Das Tragische an der ganzen Geschichte ist, dass wir alle nur ein Leben haben – und dass dieses jeden Tag kürzer wird. Unwiederbringlich. Wir, liebe Leserin und lieber Leser, haben Verständnis dafür, dass Sie das Prickeln und den Kick mit einem Partner außerhalb ihrer Ehe suchen – und dass Ihnen keiner der beiden von der herrschenden Moral akzeptierten Wege attraktiv erscheint: lebenslange Treue oder »ehrliche Trennung« mit anschließendem Single-Dasein. Denn mal ehrlich, lieber Leser: Möchten Sie wieder Ihre Hemden selbst bügeln, Ihr Bad putzen, Ihr Essen kochen und mit einem Einkommen nahe des Sozialhilfesatzes auskommen müssen, das Ihnen nach der Rückkehr in Steuerklasse I und Alimentenzahlungen übrig bleibt? Und was ist mit Ihnen, liebe Leserin? Wollen Sie sich wirklich selbst um die Steuererklärung und das Auto kümmern müssen, Ihren Kindern erklären, warum sie als Halbwaisen aufwachsen, und womöglich jahrelang um Unterhaltszahlungen prozessieren mit einem Mann, der plötzlich arbeitslos ist und nur noch Schwarzgeld im Ausland verdient?

Nein, es kann doch alles ganz einfach sein: eine Affäre, ein Seitensprung, ein One-Night-Stand – genießen Sie Ihr Leben so, wie Sie es für sich persönlich am angenehmsten empfinden. Keiner soll Sie zwingen können, sich zu entscheiden zwischen der Liebe zu Ihrer Familie und der Befriedigung Ihres sexuellen Begehrens. Wieso sollen Sie nicht beides haben?

Leider gibt es an der Sache aber einen Haken, der sie in einen wirtschaftlichen und seelischen Abgrund stürzen lassen und Ihr ganzes Leben ruinieren kann: Wenn Ihr Partner Sie erwischt, sind Sie dran – jedenfalls in 80 Prozent aller Fälle, wenn man den Umfragen trauen darf. Dann ist Schluss, es geht zum Scheidungsanwalt und zum Richter, und ehe man sich's versieht, ist aus dem schmucken Eigenheim eine 1-Zimmer-Dachgeschosswohnung geworden – für sie und für ihn. Die Kinder drohen »verhaltensauffällig« zu werden, wie es im Seelenklempnerdeutsch heißt (damit ist die ganze Bandbreite von Aggressivität über schlechte Schulleistungen bis zum Drogenkonsum gemeint), und die Karriere ist auch bis auf weiteres gestoppt, da schon die nächste Firmenparty ohne Partner(in) zum Fiasko wird.

Aber warum soll Ihr Partner eigentlich davon erfahren? »Was ich nicht weiß, macht mich nicht heiß«, sagt der Volksmund zutreffend. Warum also sollten Sie Ihren Partner mit offenkundigen Seitensprüngen, Affären oder Geständnissen psychisch quälen, wenn er doch in seiner heilen Welt zufrieden neben Ihnen herleben kann? Macht das Beichten irgendetwas besser? Glauben Sie wirklich, dass Ehrlichkeit einen eifersüchtigen Partner auf Dauer besänftigt? Und glauben Sie, dass der Kick eines Seitensprungs noch genauso groß ist, wenn Ihr Partner stets eingeweiht ist?

Dieses Buch kümmert sich nicht um Moral. Es wendet sich an Menschen, die die Frage, ob sie Untreue moralisch verantworten können, für sich beantwortet haben. Und es verfolgt, ganz und gar pragmatisch, nur einen einzigen Zweck: Es gibt Ihnen, liebe Leserin und lieber Leser, ohne jede moralische Keulenschwingerei die konkreten Tipps und Ratschläge an die Hand, die Sie brauchen, um beim Fremdgehen nicht erwischt zu werden – aus erster Hand von zwei kompetenten und erfahrenen Seitenspringern. Sie erhalten die todsicheren Tipps zum Tarnen Ihrer Affäre und zum Vertuschen Ihres Seitensprungs – von A wie »Alibi« bis Z wie »Zeugen«. Die Tipps sind im Übrigen in keiner Weise erotisch, sondern eher nüchtern und praktisch – für das Vergnügen und die Romantik sind schließlich Sie und Ihr Seitensprung-Partner selbst zuständig.

Die Tipps sind klassifiziert in drei Gruppen:

Ein Tipp mit dem Bombensymbol weist Sie auf ein Verhalten hin, das unbedingt vermieden werden muss.

Das Glühbirnen-Symbol weist auf eine konkrete Handlungsempfehlung hin, damit Ihnen Ihr Partner nicht auf die Schliche kommt.

Das Schlüssel-Symbol weist auf einen absoluten Super-Tipp hin, der Ihrem Partner die Aufdeckung eines Geheimnisses unmöglich macht.

Und noch etwas ist wichtig: Flexibilität und Phantasie. Die Tipps in diesem Buch können teilweise nur Anregungen sein, die es gegebenenfalls abzuwandeln gilt. Bedenken Sie, dass dieses Buch sicherlich auch von misstrauischen und neugierigen Ehepartnern gekauft werden wird. Wenn diese dann ein millimetergenau nachgebautes Alibi inkl. der wörtlich auswendig gelernten Ausrede aus diesem Buch wieder erkennen, haben Sie trotz allem ein Problem. Also: Seien Sie wachsam und verwenden Sie die Tipps so, wie sie gedacht sind: als Anregungen für erwachsene und intelligente Menschen. Dazu gehört auch, nicht mit Ausreden, Alibis und Beweisen aufzutrumpfen und herauszuplatzen, bevor Sie überhaupt danach gefragt werden – das ist erst recht verdächtig.

Und nun geht's los. Nutzen Sie dieses Buch gut, liebe Leser und Leserinnen, und verstecken Sie es noch besser – damit Sie auch morgen noch Ihr Leben ohne Stress genießen können, und zwar innerhalb *und* außerhalb der Ehe oder Beziehung.

Sabine Erdmann und Wulf Schreiber

Vorspiel

Was droht, wenn das Fremdgehen auffliegt?

Die Scheidungskatastrophe in Euro

Bevor wir Ihnen verraten, wie Sie Ihre Seitensprünge vor dem Partner verbergen können, möchten wir es nicht versäumen, Ihnen die Folgen aufzuzeigen, die Ihnen drohen, wenn Sie erwischt werden und Ihr Partner als Konsequenz Ihres Handelns die Scheidung einreicht. Da dieses Buch sich auf die Frage nach der moralischen Zulässigkeit von Seitensprüngen nicht einlässt, erwähnen wir an dieser Stelle auch nur kurz, dass jede Trennung bzw. Scheidung eines Paares selbstverständlich mit großem seelischem Leid für die Ex-Partner, vor allem aber für die gemeinsamen Kinder verbunden ist, wenden uns nun aber unmittelbar den ganz praktischen Folgen einer Trennung bzw. Scheidung zu.

Falls Ihr Partner den Scheidungsantrag einreicht und das gemeinsame Zuhause verlässt, beginnt das so genannte Trennungsjahr. Während dieser zwölf Monate sollen sich, nach der Vorstellung des Gesetzgebers, beide Partner darüber klar werden, ob Sie sich tatsächlich endgültig trennen wollen. Wenn Sie nun allerdings glauben, sie würden das Herz Ihres Partners in diesem Zeitraum schon wiedergewinnen und das Erwischtwerden sei doch kein so großes Risiko, müssen wir Sie auf den Tatbestand der unzumutbaren Härte hinweisen. In diesen Fällen (typisch sind z.B. Alkoholmissbrauch und Tätlichkeiten gegen den Partner) kann die Scheidung auch vor Ablauf des Trennungsjahres ausgesprochen werden (so genannte »Blitzscheidung«). Unglücklicherweise gibt es auch Gerichte, die einen Ehebruch als unzumutbare Härte ansehen, sodass Sie sich alle Überlegungen, das Vertrauen Ihres

Partners während des Trennungsjahres wiederzugewinnen, sparen können! Außerdem – Hand aufs Herz – soll es für alle Zeit denn bei nur einem Seitensprung bleiben? Wohl kaum! Und wer einmal erwischt worden ist, steht natürlich danach unter schärfster Beobachtung und kann weitere »Auswärtsspiele« noch schwerer geheim halten als zuvor. Also: Erwischtwerden *ist* der Supergau, wenn Sie in einer Beziehung leben, in der Untreue für Ihren Partner ein Trennungsgrund ist.

Angenommen, dass keine Blitzscheidung ausgesprochen wird, wird das Trennungsjahr wie folgt definiert: Die Partner müssen in getrennten Haushalten leben – oder in einer Wohung mit getrennten Schlafzimmern und getrennter Haushaltsführung. Dies bedeutet z.B. getrennte Konten, getrenntes Einkaufen, getrenntes Waschen von Wäsche, getrennte Mahlzeiten, also kurz und klassisch gesagt: getrennt von Tisch und Bett. Wenn Sie es schaffen, Ihren Partner aus wirtschaftlichen Gründen davon zu überzeugen, dass Sie beide das Trennungsjahr in der gemeinsamen Wohnung verbringen, können Sie durch bewusstes Nichtbeachten eines oder mehrerer der genannten Kriterien eine Verlängerung des Trennungsjahres herbeiführen (mit jedem »Verstoß«, wie zum Beispiel einer gemeinsamen Mahlzeit, beginnt das Jahr von neuem) und damit mehr Zeit für die »Bearbeitung« Ihres Partners bezüglich der Rücknahme des Scheidungsantrages zu gewinnen. Beliebig lange können Sie dieses Spiel aber nicht spielen: Nach drei Jahren hat der scheidungswillige Partner das Recht, geschieden zu werden – unabhängig von Ihrer Zustimmung.

Nun aber zu den Kosten eines Scheidungsverfahrens. Da sind zunächst die **Anwaltsgebühren**, die sich – vor allem, wenn um Unterhaltszahlungen prozessiert werden muss – schnell auf mehr als € 2.000,- belaufen können.

Im Scheidungsverfahren selbst werden die wirtschaftlichen Rahmenbedingungen hinsichtlich eines finanziellen Ausgleichs festgelegt. Dieser besteht aus folgenden Komponenten:

– Kindesunterhalt
– Ehegattenunterhalt
– Zugewinnausgleich
– Versorgungsausgleich

Derjenige Partner (in der Regel die Frau), bei dem das oder die Kinder nach der Trennung wohnen, hat in Vertretung der Kinder Anspruch auf den so genannten **Kindesunterhalt**, den der allein stehende Partner abhängig vom Alter der Kinder und von seinem Nettoeinkommen zahlen muss. In der Regel wird zur Ermittlung des monatlichen Unterhaltsbetrags die so genannte Düsseldorfer Tabelle herangezogen:

Mtl. Nettoeinkommen

in €	0–5 Jahre	6–11 Jahre	12–17 Jahre	ab 18 Jahre
Bis 1.275,-	183,-	238,-	262,50	303,-
1.275 – 1.470,-	196,-	238,-	281,-	324,50
1.470 – 1.665,-	209,-	253,50	299,50	345,50
1.665 – 1.860,-	221,50	269,-	318,-	367,-
1.860 – 2.055,-	234,50	284,50	336,-	388,-
2.055 – 2.250,-	247,50	300,-	354,50	409,50
2.250 – 2.445,-	260,-	315,50	373,-	430,50
2.445 – 2.740,-	274,50	333,-	394,-	454,50
2.740 – 3.130,-	293,-	355,50	420,-	485,-
3.130 – 3.520,-	311,50	377,50	446,50	515,50
3.520 – 3.910,-	329,50	400,-	472,50	545,50
3.910 – 4.305,-	348,-	422,-	499,-	576,-
4.305 – 4.700,-	366,-	444,-	525,-	606,-

(Stand: 01.07.2001; alle Beträge in EURO; gerundet)

Sie sehen, liebe Leserin und lieber Leser, schon der Unterhalt für die Kleinen kann richtig ins Geld gehen.
Dies ist aber leider noch gar nichts gegen die zweite Komponente, den **Ehegattenunterhalt**. Das so genannte Düsseldorfer Modell, das in den meisten Scheidungsprozessen zur Anwendung kommt, sagt dabei Folgendes aus: Der wirtschaftlich schwächere Partner hat einen Unterhaltsanspruch gegenüber dem wirtschaftlich stärkeren Partner, der nach folgender Formel berechnet wird:

Unterhalt = (Bereinigtes Nettogehalt Unterhaltszahler − Nettogehalt Unterhaltsempfänger) * 3/7

Das bedeutet: Drei Siebtel der Differenz zwischen dem eigenen Einkommen und dem des geschiedenen Partners zahlt der wirtschaftlich stärkere dem schwächeren.
Das bereinigte Nettoeinkommen enspricht dabei dem Nettoeinkommen abzüglich Kindesunterhalt abzüglich etwaiger weiterer Komponenten wie Zahlungen zur Vermögensbildung.
Wenn der Mann − meist ist er ja der Besserverdienende und hat nach der Scheidung keine Kinder mehr zu betreuen − Glück hat, geht die Frau zumindest einer Teilzeitbeschäftigung nach. Mit einem kleinen Kind kann sie allerdings nach einschlägiger Rechtssprechung die Teilzeitarbeit sofort einstellen und dies mit den Erfordernissen der Kindesbetreuung begründen. Eine volle Berufstätigkeit ist ihr nach Gerichtsurteilen erst ab einem Kindesalter von 14−15 Jahren zuzumuten. Aber zwingen Sie mal jemanden zu arbeiten, der sich bei Vorstellungsgesprächen absichtlich dumm anstellt. Wer keinen Job will, wird auch keinen bekommen und kann die damit erhöhten Unterhaltszahlungen in Anspruch nehmen.
Noch schlimmer sieht die Situation für Großverdiener aus, die einen gehobenen bis luxuriösen Lebensstil geführt haben.

Der unterhaltsberechtigte Partner kann in diesen Fällen nämlich erfolgreich auf dessen Fortsetzung klagen, wenn er mit den für ihn wichtigen sozialen Kontakten argumentiert: So wurden Unterhaltszahler schon verpflichtet, dem Ex-Partner horrende Mitgliedsgebühren für Golfclubs, Fitnessstudios und Ähnliches zu zahlen.

Eine weitere Finanzfalle wartet in Form des so genannten **Zugewinnausgleichs**. Hierbei geht es darum, den Vermögenszuwachs während der Ehe, also die Differenz zwischen dem »Anfangsvermögen« der Eheleute bei Eheschließung und ihrem »Endvermögen« bei Zustellung des Scheidungsantrages zu ermitteln und aufzuteilen. Stellen Sie sich vor, Sie erben während Ihrer Ehe das Haus oder gar die Firma Ihrer Eltern – mit der Scheidung dürfen Sie die Hälfte an Ihren Ex-Partner abtreten, selbst wenn dieser zur Vermehrung des gemeinsamen Vermögens überhaupt nichts beigetragen hat. Schon so manches Haus musste im Rahmen von Scheidungsprozessen verkauft werden, und so manches Unternehmen musste Konkurs anmelden – zum Leidwesen der betroffenen Mitarbeiterinnen und Mitarbeiter.

Und dann kommt noch der **Versorgungsausgleich**. Der Zweck dieser Regelungen besteht darin, die verschiedenen Komponenten der Altersversorgung aufzuteilen wie z.B. Rentenversicherungen, Beamtenpensionen etc. Das Thema ist derart komplex, dass es an dieser Stelle nicht detailliert erläutert werden kann. Der Traum vom Haus in Florida und eigener Jacht am Steg des Seegrundstückes kann sich jedoch sehr schnell in Nichts auflösen, wenn die kalkulierte Altersrente urplötzlich halbiert wird.

Zum Abschluss möchten wir Ihnen ein Beispiel vorrechnen, aus dem sich erkennen lässt, welche unglaublichen Summen

bei einer Scheidung über die Zeit (hier: 10 Jahre) fließen können. Wir wählen ein klassisches Beispiel (2 Kinder mit 4 und 6 Jahren), ein Nettoeinkommen des Mannes von € 3.500,- und eine nicht berufstätige Frau. Der Zugewinnausgleich soll durch ein in der Ehe gebautes und mittlerweile schuldenfreies Haus (Wert: € 200.000,-) sowie andere Vermögensgegenstände € 125.000,- betragen. Aus Vereinfachungsgründen sollen nur die Prozesskosten sowie Unterhaltszahlungen an Kind und Frau betrachtet werden. Das Nettoeinkommen des Mannes soll als konstant angenommen werden.
Insgesamt muss hier mit Anwalts- und Prozessgebühren von über € 5.000,- gerechnet werden.
Für das 4-jährige Kind müssen in den folgenden 10 Jahren nach der Düsseldorfer Tabelle € 45.372,-, für das 6-jährige Kind sogar € 48.612,- gezahlt werden, in der Summe also € 93.984,-
Für die monatlichen Unterhaltszahlungen an die Frau sind in 10 Jahren sogar € 139.680,- zu berappen.

In Summe muss der Mann in diesem Beispiel somit folgende Kosten über 10 Jahre tragen:

1) Zugewinnausgleich	€ 125.000,-
2) Kindesunterhalt	€ 93.984,-
3) Unterhalt für Ehefrau	€ 139.680,-
4) Prozessgebühren ca.	€ 5.000,-
Summe:	€ 363.664,-

Die einzige Möglichkeit, diese Summe zu reduzieren, liegt in der Hoffung, die Frau möge doch irgendwann wieder arbeiten oder, besser noch, erneut heiraten bzw. mit einem neuen Partner eine Lebensgemeinschaft gründen. Dies ist aber in den wenigsten Fällen gegeben – jedenfalls nicht offiziell. Es lebe die Schwarzarbeit, die Pseudo-Wochenendbeziehung mit (angeblich) getrennten Wohnungen und natürlich die monatliche Zahlung des Ex-Partners ...

Viele geschiedene Menschen haben uns davon berichtet, dass man sich die – finanzielle und seelische – Belastung durch eine Trennung nicht vorstellen könne, wenn man sie nicht selbst erlebt habe. Aus diesem Grund haben wir dieses Buch geschrieben: Wir wollen Ihnen die Tricks an die Hand geben, die Ihnen ein (fast) risikoloses Fremdgehen erlauben. Viele dieser Tricks sind zugegebenermaßen mit großem Aufwand verbunden. Sie müssen oft einiges investieren, um Ihren Partner zu täuschen. Wenn Sie diesen Aufwand scheuen, erhöhen Sie Ihr Risiko. Ob Sie das Risiko eingehen möchten, auch einmal erwischt zu werden und als Konsequenz die Scheidungsurkunde in den Händen zu halten, müssen Sie ganz allein entscheiden. Wir haben für uns entschieden, zu versuchen, jedes noch so kleine Risiko zu vermeiden, um auch in 10 Jahren noch mit unserem Partner zusammenleben zu können. Wir laden Sie hiermit ein, uns auf diesem Weg zu folgen – nach dem Motto: »no risk, ~~no~~ much fun«.

Wer eignet sich als Liebhaber(in)?

Einige Ausschlusskriterien – damit eine Affäre ohne Folgen bleibt

Dem einen oder anderen, liebe Leserin und lieber Leser, mag es merkwürdig vorkommen, dass wir mit einer »Charakterprüfung« des Subjekts Ihrer Begierde beginnen. Aber wir wiederholen: Dies ist ein pragmatisches Buch. Es liefert Ihnen zahlreiche praktische Tipps, um Stolpersteinen aus dem Weg zu gehen. Sind Sie jedoch an jemanden geraten, der charakterlich nicht als Partner für einen Seitensprung geeignet ist, werden Ihnen diese ganzen Tipps nicht viel nützen. Sie verlieren im Ernstfall schnell die Kontrolle über Ihre Affäre, und es liegt nicht mehr allein bei Ihnen, ob sie sich geheim halten lässt. Deshalb sollten Sie sich – nach der Euphorie der ersten Nacht – gründlich überlegen, ob aus einem spontanen One-Night-Stand tatsächlich eine längere Affäre werden kann und sollte – oder nicht.

Die Liebesfalle

Bei dieser Variante hat sich Ihr Seitensprung-Partner ernsthaft in Sie verliebt und ignoriert zunehmend forsch Ihre Lebenssituation – nämlich die Ehe bzw. feste Partnerschaft, die Sie nicht aufgeben wollen. Verliebte Menschen können – wie wir alle wissen – völlig unberechenbar handeln, und manche versuchen, ihre Ziele buchstäblich ohne Rücksicht auf Verluste zu verwirklichen. Nun kann natürlich niemand ausschließen, dass sich auch in eine Affäre, die man zunächst verstandesmäßig im Griff zu haben schien, die Liebe und die dazugehörige Verrücktheit hineinschleicht.

Worum es geht ist, den Typ Mensch zu vermeiden, der sich von vornherein nicht mit der »Nummer-2-Rolle« in Ihrem Leben zufrieden gibt, sondern es sich kurz- oder mittelfristig zum Ziel gesetzt hat, Sie aus Ihrer bestehenden Beziehung herauszulösen und selbst den Platz eines »normalen« Partners einzunehmen.

Checkliste zum Vermeiden der Liebesfalle

Prüfen Sie vor einer Offenlegung von Lebensumständen, die eine telefonische oder persönliche Verfolgung ermöglicht, folgende Checkpunkte:

– Zielperson lebt allein und ohne Familienbindung in einer Stadt.
Risiko: Besonders am Wochenende viel alleine, sehnt sich nach Partnerschaft.

– Zielperson hat wenige Freunde und/oder Hobbys.
Risiko: Ist abends alleine, möchte die Abende oder sogar die ganze Nacht mit Ihnen verbringen.

– Zielperson zeigt abwehrende Reaktionen, wenn Sie über Ihren Lebenspartner sprechen.
Risiko: Gefühle sind bereits so weit fortgeschritten, dass Ihr Partner als Konkurrent aufgefasst wird.

– Zielperson möchte mit Ihnen eine Affäre beginnen, obwohl ihre Lebensumstände objektiv betrachtet absolut ungeeignet dafür sind (keine Tagesfreizeit; keine Möglichkeit, Sie auf Reisen zu begleiten etc.)
Risiko: Es werden von Anfang an »beziehungsinkompatible« Treffen an Abenden oder Wochenenden einkalkuliert.

– Zielperson fragt Sie zu Details aus Ihrem Leben aus (Adresse, private Telefonnummer, Arbeitsplatz Ihres Ehepartners etc.).
Risiko: Es wird die Konfrontation mit Ihrem Lebenspartner gesucht.

– Zielperson lebt seit längerem in einer festen Beziehung, ist aber mit ihrem Partner unglücklich.
Risiko: Zielperson ist ein Familienmensch; plant die Flucht von der einen festen Beziehung in die nächste.

– Zielperson macht Ihnen übertrieben aufwendige oder persönlich gefärbte, selbst gestaltete Geschenke zum Geburtstag, zu Weihnachten etc.
Risiko: Starke Gefühle; Versuch, Ihre Liebe zu »erkaufen«.

– Zielperson äußert einen oder mehrere folgender Sätze:
»Es wäre schön, wenn mein Mann/meine Frau so wäre wie du.«
»Ich kann ohne dich nicht mehr leben.«
»Meine Liebe zu dir wird jeden Tag stärker.«
»Könntest du dir vorstellen, noch mal eine Familie zu gründen?« (Gemeint ist: mit mir zu gründen?)
»Willst du dich eigentlich scheiden lassen?« (Schlimmer noch: »WANN willst du dich scheiden lassen?«)

Falls Sie einige dieser Checkpunkte mit »Ja« beantworten, müssen Sie sich darüber bewusst sein, dass es möglicherweise nicht bei einer Affäre bleiben wird – jedenfalls nicht aus Sicht Ihres oder Ihrer Geliebten. In diesem Fall können wir Ihnen nur die Empfehlung geben, die Sache so schnell wie möglich zu beenden.

Natürlich gibt es einfaches Rezept, die Liebesfalle zu meiden: Suchen Sie eine rein sexuelle Beziehung. Zahlreiche Männer und Frauen, die mit ihren Lebensumständen vollkommen zufrieden sind, suchen einfach den sexuellen Kick ohne jede Involvierung von Gefühlen – und damit risikolos, was die Liebesfalle angeht. Als Beispiel sei ein Freund angeführt, der seit drei Jahren eine derartige Beziehung zur sehr attraktiven Ehefrau eines bekannten Popstars unterhält. Schon auf Grund ihrer Lebensumstände (Jahreseinkommen des Mannes: ca. 2,5 Mio. €) und der Liebe zum eigenen Nachwuchs käme diese Frau niemals auf die Idee, ihren Mann in seiner Rolle als »Cash-Cow« zu verlassen. Lediglich seine sexuellen Defizite stören die Dame – aber diese konnten ja nun erfolgreich in einer Daueraffäre mit 2–3 Treffen pro Woche behoben werden.

Weitere Möglichkeiten für solche Affären sind die einschlägigen Internet-Dienste wie z.B. www.seitensprungservice.de; www.sprungseiten.de; www.traumkontakte.de; www.agenturgruber.de etc.

Man muss sich jedoch über eines im Klaren sein: Menschen, die rein sexuell motivierte Affären suchen, begehren ihren Partner nicht als Person, sondern lediglich körperlich, d.h., in die engere Auswahl kommen in der Regel ausschließlich überdurchschnittlich attraktive Frauen und Männer. Sollten Sie sich irgendwann entschließen, vom Fitnessstudio zur Cocktailbar zu wechseln, werden Sie in der Regel gnadenlos abgeschossen, sobald die ersten Muskeln schwinden und der Bauchansatz sichtbar wird.

Was aber noch schlimmer ist: Bei diesem Typ lauert in der Regel eine weitere Falle, die Sie, wenn nicht auf den Friedhof, so doch zumindest ins Krankenhaus bringen kann: die **Gesundheitsfalle**.

Die Gesundheitsfalle

Dass man Kondome benutzen sollte, ist im Zeitalter von AIDS sicherlich keine neue Erkenntnis. Leider wird jedoch die Diskussion meistens ausschließlich auf das Thema AIDS reduziert. Dabei warten erheblich größere Risiken (was die Ansteckung und die Verbreitung in der Bevölkerung angeht) in Form von Geschlechtskrankheiten (z.B. Syphilis, Herpes genitalis etc.), Pilzen (z.B. Candida etc.), Bakterien (Chlamydien etc.) oder Viren (Herpes Simplex, Ebstein-Barr-Virus etc.). Diese Krankheiten werden nämlich, anders als der für die AIDS-Erkrankung verantwortliche HIV-Virus, nicht nur durch Geschlechtsverkehr, sondern auch durch Küssen oder Oralsex übertragen.
Die bittere Konsequenz besteht nicht nur in der gesundheitlichen Schädigung, die Sie selbst davontragen (bei Frauen kann z.B. eine Erkrankung durch Chlamydien schwere Folgen bis hin zur Unfruchtbarkeit haben), sondern auch in der möglichen Übertragung auf Ihren Lebenspartner. Wenn dieser dann – als absolut treuer Ehepartner – erkrankt und sich ärztlich behandeln lässt, werden Sie sich die Frage gefallen lassen müssen, wo denn Sie diese Pilze, Viren oder Bakterien aufgelesen haben. Ihr Fremdgehen ist damit sozusagen medizinisch bewiesen worden, und jedes Leugnen wäre albern, weil unglaubwürdig.

Es gilt daher unbedingt, die »stadtbekannten Wanderpokale« und »Betthopper« zu meiden, da diese natürlich – im Vergleich etwa zu einer gelangweilten Hausfrau – ein erhöhtes Risiko mit in Ihr Bett bringen. Wie aber kann man solche Menschen, die häufig wechselnde Partner haben und dabei hohe Gesundheitsrisiken eingehen, zuverlässig identifizieren?
Neben den Checkpunkten (s.u.) ist es bei der Suche nach einer Affäre vor allen Dingen wichtig, Orte zu vermeiden, die allge-

mein als »Flirt-location« bekannt sind. In einem Lokal wie z.B. der »Milchbar« im Kunstpark Ost in München, die in einer Szenezeitschrift als Münchens »Flirtplatz Nr. 1« bezeichnet wird (Zitat: »Wer dort ohne Knutschfleck wieder rauskommt, ist selber schuld«), kann man nicht erwarten, dass man auf Menschen trifft, die sich – zu fortgeschrittener Stunde zunehmend alkoholisiert – ihr Gegenüber genauer anschauen, bevor die ersten heißen Zungenküsse und damit eventuell auch Viren, Pilze und Bakterien ausgetauscht werden. Des Weiteren gilt: Die Quote der zuverlässigen Kondombenutzung ist umgekehrt proportional zum Alkoholgehalt des Bluts.

Checkliste zum Vermeiden der Gesundheitsfalle

Prüfen Sie vor dem ersten ungeschützten Sex (dazu gehören auch Zungenküsse und Oralsex) folgende Checkpunkte:

Zielperson findet es normal, schnellstmöglich zu knutschen.
Zielperson wird durch Alkoholgenuss ganz offensichtlich enthemmt (verbal und körperlich).
Zielperson sind außer AIDS (HIV-Infektion) keine weiteren gesundheitlichen Risiken bekannt bzw. bewusst.
Zielperson prahlt mit / erzählt von zahlreichen sexuellen Erfahrungen.
Zielperson wird von Dritten als »Betthopper« beschrieben.
Zielperson äußert bei erstem Gespräch einen oder mehrere folgender Sätze:
»Ich kann jeden / jede haben.«
»Mit One-Night-Stands habe ich kein Problem.«
»Gummis sind was für Angsthasen.«
»Nach einer gewissen Zeit wird Sex mit derselben Person langweilig.«

»Ich brauche die Abwechslung im Bett.«
»Sex ist für mich wie gut essen gehen.«

Natürlich kann man in die Menschen nicht hineinschauen. Wie heißt es so schön: Auch stille Wasser können tief sein. Nach unseren Erfahrungen birgt es trotzdem geringere Risiken, wenn man sich zur Affärensuche nicht auf die Piste begibt, um nach dem Zufallsprinzip fündig zu werden, sondern lieber gezielt nach Gleichgesinnten sucht. Dabei bieten sich z.B. Kontaktanzeigen in Stadtmagazinen, Tageszeitungen oder im Internet an.

Selbst wenn Sie aber das Glück haben, auf eine Person zu treffen, die mit Ihnen und nur mit Ihnen eine Affäre haben möchte, lauert für Männer noch eine weitere Falle, die spätestens seit Boris Beckers Wäschekammeraffäre in einem Londoner Hotel und Franz Beckenbauers Ausrutscher bei der Weihnachtsfeier des FC Bayern wieder in aller Munde ist: Bei der **Babyfalle** geht es Frauen, die sich ein Kind, aber nicht unbedingt eine Familie mit Mann wünschen, darum, lediglich einen Erzeuger und Ernährer für Ihren Nachwuchs zu finden. Im nächsten Abschnitt werden wir uns mit der Vermeidung genau dieser Falle beschäftigen.

Die Babyfalle

Ist Ihre Geliebte um die 30 Jahre alt? Und sind Sie selbst in optischer, finanzieller und zerebraler Hinsicht der ideale Vater? Dann seien Sie vorsichtig – denn das klassische Familienmodell mit Vater, Mutter und Kind ist bekanntlich nicht mehr allein gültig. In der Tat nimmt die Anzahl der Frauen, die sich bewusst für ein Kind, jedoch ebenso bewusst gegen den Alltagsstress mit einem Mann entscheiden, immer mehr zu. Das Einzige, was diese Damen benötigen – ganz im Gegensatz zu ihren Geschlechtsgenossinnen in den USA, die ganz legal zu einer Samenbank gehen und sich dort künstlich befruchten lassen können – ist der passende Erzeuger für ihren Nachwuchs. Der Charme dieser Variante für die Frauen: Anders als der »Einzahler« der Samenspende bei der Bank ist der leibliche Erzeuger auch noch unterhaltspflichtig, wird also erst nach der Entbindung zum fleißigen Einzahler. Wir können Ihnen daher nur empfehlen, zumindest in den kritischen Tagen des Zyklus Ihrer Geliebten auf der Benutzung von Kondomen zu bestehen. Selbst wenn sie Ihnen eine Pillenpackung zeigt, heißt das noch längst nicht, dass sie diese niemals »vergisst«. Wenn es dann doch passiert, ist natürlich die »dumme Pille« schuld, die angeblich mal wieder versagt hat – und der blöde Mann, der sich ja auch mal um die Verhütung hätte kümmern können. Stimmt.

Der Eisprung findet laut einschlägiger Literatur zwischen dem 14. und 20. Tag des Zyklus statt (vom 1. Tag der Periode an gerechnet). Wenn man die Lebensdauer eines Spermiums – das ist der worst case – mit 5 Tagen ansetzt, bedeutet dies, dass der 9. bis 25. Tag des Zyklus ohne Kondombenutzung tabu ist. Wann Ihre Freundin Ihre Tage hat, bekommen Sie relativ einfach heraus – nämlich dann, wenn sie sich genau aus diesem Grund nicht mit Ihnen treffen will.

Checkliste zum Vermeiden der Babyfalle

Prüfen Sie vor dem ungeschützten Sex folgende Checkpunkte:

– Erzählt Ihre Geliebte davon, selbst Kinder haben zu wollen? Attestiert Ihre Geliebte Ihnen die Persönlichkeit eines »idealen Vaters«?

– Bleibt Sie in Gegenwart von kleinen Kindern und Babys stehen, um diese zu betrachten, und sagt sie dann Sachen wie »Sind die nicht süß?!«
– Nennt sie Kondome plötzlich »Gefühlskiller«?
– Weist sie Sie in außergewöhnlichem Maße darauf hin, dass sie die Pille nähme, und zeigt sie Ihnen als »Beweis« vielleicht sogar eine Pillenschachtel?
– Erzählt sie viel von Freundinnen, die gerade Kinder bekommen haben oder schwanger geworden sind?
– Hat sie plötzlich ihr Sexualverhalten dahingehend geändert, dass sie Stellungen bevorzugt, die einer Empfängnis zuträglich sind, und lehnt sie andere Praktiken ab, die dies absolut nicht sind (z.B. Oralsex)?
– Haben Sie die »idealen« Gene und wirtschaftlichen Rahmenbedingungen eines Vaters wie z.B.
– Größe (über 1,80 m)
– Überdurchschnittliches Einkommen
– Gutes Aussehen
– Hohe Intelligenz
– Erfolg im Beruf ?

Hüten Sie sich vor allen Dingen vor One-Night-Stands (ONS) ohne Kondom, Sie wissen nicht, ob Sie schon seit längerer Zeit beobachtet und als idealer »Vater« ausgewählt wurden. Verdächtig sind vor allen Dingen Frauen, die selbst die Initiative für einen ONS ergreifen (insbesondere außerhalb der einschlägigen Lokalitäten am Abend und in unalkoholisiertem Zustand), Sie verführen und dann ohne Kondom mit Ihnen schlafen wollen. Möglicherweise haben sie mit Hilfsmitteln wie dem Computersystem »Persona« oder der Temperaturmethode den Zeitpunkt des Eisprungs tagesgenau ermittelt und Sie zielgerichtet in ihr Bett gelockt.

Die Klammerfalle

Das Schlimmste, was Ihnen passieren kann, ist das Modell »Eine verhängnisvolle Affäre«: Hier geht es den betreffenden Personen weniger um Liebe als um Besitzergreifung und Macht. Ihr Leben, so ihre Vorstellung, soll sich nur noch um Ihren Geliebten/Ihre Geliebte drehen, und alle anderen Aktivitäten und Menschen in Ihrem Umfeld werden als störend betrachtet.

Die Gefahr bei dieser Art von Beziehung ist zum einen die in der Regel äußerst aggressive und oft unberechenbare Reaktion auf die Beendigung der Affäre durch Sie (das Recht dazu wird Ihnen als dem »Besitztum« Ihres oder Ihrer Geliebten kurzerhand abgesprochen), zum anderen können Sie sich auf keinerlei Einhaltung getroffener Vereinbarungen wie Telefonzeiten etc. verlassen. Darüber hinaus werden diese Menschen alle Register ziehen, um maximal viel Zeit mit Ihnen verbringen zu können – auf Kosten Ihres Berufes und/oder des Risikos der Entdeckung durch Ihren Ehepartner. Die Wirkungen der Klammerfalle können für Ihr Leben und Ihre festen Beziehungen ähnlich destruktiv werden wie die der Liebesfalle – enttäuschte Liebe und verweigerte Besitzansprüche schlagen schnell in zerstörerischen Hass um.

Falls Sie also Tendenzen dieser Art erkennen können, sollten Sie die Affäre sofort beenden – am besten, bevor die betreffende Person den totalen Einblick in Ihr Leben gewonnen hat.

Checkliste zum Vermeiden der Klammerfalle

Prüfen Sie vor einer Offenlegung Ihrer Lebensumstände, die eine telefonische oder persönliche Verfolgung ermöglicht, folgende Checkpunkte:

- Zielperson ruft außerhalb der vereinbarten Zeiten und sehr häufig bei Ihnen an und hält sich auch sonst nicht an getroffene Vereinbarungen.
- Zielperson macht Ihnen Vorwürfe, dass Sie zu selten anrufen oder nicht sofort nach dem Besprechen der Mailbox zurückrufen.
- Zielperson versucht Ihnen andere Aktivitäten zugunsten von Treffen mit ihr auszureden (z.B. Sport, Kneipenbesuch mit Kollegen etc.).
- Zielperson fragt Sie über Ihren Tagesverlauf aus (mit wem haben Sie was gemacht etc.) und offenbart Eifersucht.
- Zielperson äußert sich negativ über Ihre Kollegen, Freunde und Bekannten.
- Zielperson richtet ihr Leben komplett nach Ihnen aus und gibt jegliche Eigenständigkeit auf, indem sie beispielsweise einen lukrativen Job ausschlägt, weil er in einer anderen Stadt liegt, oder ihre Urlaube nach den Ihren ausrichtet.
- Zielperson lebt in deutlich schlechteren wirtschaftlichen Verhältnissen als Sie. Es wird möglicherweise eine Beziehung mit Ihnen angestrebt, um den eigenen Lebensstil zu verbessern.

Die Perversionsfalle

Eine ganz konkrete Gefahr kann entstehen, wenn Sie sich nichtsahnend mit jemandem einlassen, der auf perverse Sexualpraktiken steht. Erfahrungsgemäß rutscht man in solche Beziehungen manchmal hinein und stellt erst in einer Situation, in der es zu spät ist, fest, an wen man da geraten ist. Wenn Sie erst einmal mit Handschellen gefesselt im Bett liegen und womöglich ausgepeitscht werden, wird Ihnen die »Bitte« nach Beendigung dieser Aktivitäten nicht weiter helfen: Der Perversling hat sich in der Regel bereits derart in seine »Lust« hineingesteigert, dass er vor seiner Befriedigung durch die Ausübung der sadistischen Praktiken nicht von Ihnen ablassen wird.

Checkliste zum Vermeiden der Perversionsfalle

Die Strategie der Perverslinge besteht in der Regel darin, Sie zunächst mit sympathischem und »normalem« Verhalten in ihren Bann zu ziehen. Sadistische Tendenzen werden daher erst später und meistens schrittweise offenbart. Prüfen Sie Sie daher folgende Checkpunkte:

– Zielperson spricht von »Dominanz« oder fragt Sie sogar, ob Sie »devot veranlagt« sind.
– Zielperson spricht über »Fesselspiele« und/oder geht mit Ihnen in Erotikshops, um Sex-Toys wie Handschellen, Peitschen, Halsbänder etc. zu besichtigen.
– Zielperson betont außergewöhnlich häufig, »aufregenden und/oder tabulosen« Sex haben zu wollen, selbst wenn Sie »nur« normalen Kuschelsex praktizieren.
– Zielperson besucht so genannte »Fetischpartys« und trägt bevorzugt Lack- und Lederkleidung.
– Zielperson berichtet aus seiner Beziehung oder über vorhergegangene Affären, dass man sich »sexuell nicht verstanden habe«. Dies heißt in der Regel, dass der Partner die sexuellen Praktiken nicht mehr mitmachen wollte.
– Zielperson spricht davon, Sex in »Studios« gehabt zu haben oder zu bevorzugen.
– Die Wohnungseinrichtung der Zielperson zeigt eindeutige Hinweise auf die Bevorzugung perverser Sexpraktiken: Pornovideos, in denen der Titel »pervers« vorkommt, Bilder mit unterdrückten Personen (z.B. am Boden kniend und Halsband), eindeutige Sex-Toys wie Peitschen, Handschellen etc.,

oder ein Raum, den Sie aus fadenscheinigen Gründen nicht besichtigen dürfen, insbesondere im Keller: Hier könnte ein Sado-Maso-Studio oder eine Art »Gefängnis« eingerichtet sein.

– Auch beim »normalen« Sex deuten sich ungewöhnliche Handlungen an: Kneifen von Brustwarzen und anderen empfindlichen Körperteilen; Schläge auf den Po, die zunehmend kräftiger werden; verbale Erniedrigungen mit Bezeichnungen wie »Luder«, »Schlampe« etc.

– Zielperson möchte plötzlich Treffen vom Hotel oder Ihrer Wohnung in seine Wohnung verlagern, ohne dafür objektive Gründe zu haben. Der Grund könnte die Verfügbarkeit von Sado-Maso-Geräten oder eines schalldichten Kellerraums sein, in dem Sie als Sexsklave gehalten werden sollen.

Falls sich derartige Tendenzen abzeichnen, sollten Sie der Zielperson eher heute als morgen den Laufpass geben, bevor die perversen Phantasien irgendwann bis zum für Sie bitteren Ende ausgelebt werden.

Die Tratschfalle

Über eine Affäre zu sprechen, verbietet sich von selbst – sollte man jedenfalls denken. Es gibt jedoch zahlreiche Zeitgenossen, die es nicht einmal schaffen, die wichtigsten Geheimnisse für sich zu behalten und diese stattdessen in der ganzen Welt herumerzählen. Die Motive hierfür können durchaus unterschiedlicher Natur sein: Insbesondere bei Männern findet man relativ häufig den typischen Angeber, der mit jeder neuen Erungenschaft (und zu dieser gehört auch eine neue Geliebte) nach dem Motto »Ich kann doch jede haben!« prahlt. Das große Risiko besteht darin, dass er zumindest auf neugierige Nachfragen hin detaillierte Auskünfte hinsichtlich Beruf, Aussehen, Herkunft etc. gibt, die einen Rückschluss auf Ihre Person zulassen. Wenn Sie dann noch das Pech haben, dass Sie jemand aus dem Umfeld Ihres Prahlhanses kennt, ist der Weg zur Offenbarung nicht mehr weit.

Frauen hingegen sind berüchtigt für die Tratschrunden im Kollegenkreis, bei Kaffeekränzchen, Tupperware- oder Dessous-Partys. Gesprächsstoff sind in der Regel Männer, was auch nicht weiter schlimm ist, soweit es den eigenen betrogenen Ehemann betrifft. Leider muss man jedoch bei entsprechender »Tratschveranlagung« und entsprechendem Alkoholpegel damit rechnen, dass auch der Geliebte thematisiert wird, sodass das Risiko des Auffliegens erheblich steigt.

Das Schlimme bei jeder kleinen Indiskretion besteht darin, dass sich derartige Nachrichten leider wie Viren ausbreiten: Der Freund erzählt es drei anderen Freunden, die jeweils wieder fünf Freunde haben usw., und nach einer Woche weiß es die halbe Stadt – und irgendwann auch der betrogene Ehepartner.

Checkliste zum Vermeiden der Tratschfalle

Die folgende Checkliste soll Ihnen dabei helfen, Menschen vom Typ »Angeber« und »Tratschtante« frühzeitig zu identifizieren, bevor er zu viel über Sie weiß, was Ihnen gefährlich werden könnte:

– Zielperson prahlt häufig mit beruflichen, sportlichen oder anderen Leistungen in seinem Leben (»Ich bin der Größte und Beste«).
– Zielperson fährt typisches, hochmotorisiertes Angeberauto (Porsche, Ferrari, Maserati, Lamborghini, BMW M3 oder M5, Mercedes AMG E 55, Audi S6 etc.), das zudem über eine Bank finanziert wurde.

– Zielperson betont sein gutes Aussehen, seine teure Kleidung, trägt eine außergewöhnlich auffällige Uhr.
– Zielperson fragt nach dem Sex »Wie war ich?« oder »War ich nicht gut?«, um Bestätigung zu erfahren.
– Zielperson erzählt, was für tolle Frauen er in seinem Leben »aufgerissen« hat und beschreibt sie detailliert (Beruf, Aussehen etc.).
– Zielperson erzählt Details aus seiner Beziehung und/oder seiner Arbeit, die eigentlich zu intim sind, um erzählt zu werden.

Ihre Lebensversicherung – 50 todsichere Tipps für folgenloses Fremdgehen

Die ersten zwei Kapitel dieses Buches hatten den Zweck, Sie, liebe Leserin und lieber Leser, in zweierlei Hinsicht zu sensibilisieren: dafür, was Ihnen im Fall einer Scheidung droht, und dafür, welche Partner für eine Affäre generell ungeeignet sind.
Aber selbst dann, wenn Sie sich sagen: »Ich will meine Seitensprünge absolut geheim halten!« und Sie auch noch den idealen Partner für dieses Ziel gefunden haben, lauert im Hintergrund immer noch der / die große (Un-) Bekannte, der jeden noch so kleinen Fehler sofort bestrafen wird: ihr misstrauischer Ehepartner.

In den folgenden Abschnitten haben wir daher die kritischsten Bereiche des Fremdgehens zusammengestellt – und vor allem wirksame Tipps, diese Fallen zu vermeiden. An der einen oder anderen Stelle werden Sie vielleicht fluchen, weil die Umsetzung eines Tipps einen Aufwand von mehr als einer Minute erfordert. Aber denken Sie bitte daran, dass das perfekte Verbrechen (und um so eines geht es hier ja im allgemeinen moralischen Verständnis!) schwer zu vollbringen ist. Um einen etwas gewagten Vergleich zu bemühen: Die Aufklärungsrate von über 90 Prozent bei Tötungsdelikten ist doch nur deshalb möglich, weil die Täter mehr oder weniger dilettantisch vorgehen und Spuren am Tatort zurücklassen. Sicherlich kann man Ihren Ehepartner nicht mit der hoch entwickelten Maschinerie der Kriminalpolizei vergleichen – er ist nämlich in einer viel besseren »Ermittlungssituation«, weil er über die feinfühligen Antennen eines Menschen verfügt, der Sie bis auf den Grund Ihrer Persönlichkeit durchschaut, da er mit Ihnen zusammenlebt. Leichtsinn wäre also völlig unangebracht.

Unsere Tipps sind vielfach praxiserprobt und haben bisher jeder »Untersuchung« durch den Ehepartner widerstanden.

Es liegt an Ihnen, welche davon Sie umsetzen möchten und welchen Aufwand Sie eher scheuen – ob Sie also lieber »auf Lücke setzen« und das Risiko einer Entdeckung erhöhen. Aber wie gesagt: Sicherheit zum Nulltarif, d.h. ohne Investition von Zeit und Mühe, gibt es auch beim Fremdgehen nicht.

Kleidung, Aussehen und Geruch – so kommen Sie nach Hause, wie Sie morgens gegangen sind

Wenn Ihre Affäre auffliegt, liebe Leserin und lieber Leser, dann liegt dies statistisch gesehen in den wenigsten Fällen an technischem Versagen. Nicht Handy, Kontoauszüge oder andere Fallen des täglichen Lebens generieren die meisten Scheidungen, sondern Auffälligkeiten an Ihnen selbst! Denn Sex ist zwar wunderschön – aber er bringt rein objektiv auch einige eklatante Nachteile mit sich:

Zum einen findet Sex (jedenfalls meistens) zwischen zwei nackten Menschen statt. Dies bedeutet logischerweise, dass sich die Beteiligten – oft recht hastig – aus- und wieder anziehen. Daraus ergeben sich reichlich Möglichkeiten, Ihrem Ehepartner am Abend nach dem Seitensprung ein anderes Bild zu vermitteln als jenes, welches sie am Morgen nach dem »Tschüs-Schatz«-Kuss abgegeben haben. Erst kürzlich musste ein Mann eine Affäre beichten, nachdem seiner Frau abends aufgefallen war, dass sein Hemd falsch geknöpft war. Eine überzeugende dienstliche Erklärung dafür, dass er als Bürohengst, der tagsüber angeblich ein Meeting nach dem anderen gehabt hatte, sein Hemd aus- und wieder angezogen hatte, fiel ihm gegenüber seiner (Noch-)Ehefrau so schnell leider nicht ein. Dumm gelaufen!

Zum anderen finden Seitensprünge zwischen zwei Menschen statt, die sich schon zum Küssen sehr nahe kommen müssen. Nun nutzen wir modernen Menschen aber, da wir nicht mehr in der Steinzeit, sondern im 21. Jahrhundert leben, gerne alle Errungenschaften, die uns die Werbung als unverzichtbar für das Wohlbefinden unserer Umwelt und unserer selbst anpreist: Ungeschminkte Frauen ohne Lippenstift sind heute genauso undenkbar wie Männer, die Rasierwasser und Deo nur aus der Theorie kennen. Bedauerlicherweise haben wir damit aber auch die wunderbare Möglichkeit erworben, diese Produkte als Beweis unseres Seitensprungs auf dem Körper des Partners zu verewigen. Hinzu kommen die Spuren der Leidenschaft. Der – im Wortsinne – Augenblick der Wahrheit folgt also spätestens dann, wenn Sie nackt vor Ihrem Ehepartner stehen. Knutschflecken, Kratzspuren und fremde Gerüche an Ihrem Körper lassen sich nun nicht mehr verbergen. Schon vorher stechen fremde Haare auf den Schultern deutlich ins Auge – und auch der intensive Geruch von Zigarettenrauch ist schwer erklärbar, wenn Sie selbst Nichtraucher sind und in einem Nichtraucherbüro arbeiten.

Wenn Sie nicht sofort verurteilt werden möchten, sollten Sie diese Situationen strikt vermeiden – oder stets einen Plan für eine plausible Erläuterung der Spuren parat haben. (Letzteres setzt natürlich voraus, dass Sie sich der verräterischen Spuren bewusst sind). Allerdings sind beim Ersinnen von Erklärungen und Ausreden auch unserer Phantasie Grenzen gesetzt: Einem Bekannten, dessen Geliebte in ihrer Ekstase beim Blasen zugebissen hatte, konnten auch wir nicht mit einer Geschichte helfen, die die Bissspuren auf seinem primären Geschlechtsteil wirklich befriedigend erklärt hätte. Wir rieten ihm schließlich, eine Hauterkrankung vorzutäuschen und eine Mullbinde darumzuwickeln. Was allerdings hätte geschehen sollen, wenn seine Frau sich in einer Mischung aus Misstrauen, fürsorglicher Anteilnahme und urologisch-dermatologischer Neugier als Assistentin für den Verbandswechsel angeboten hätte, wissen wir auch nicht ...

Effektive Spurenvermeidung an Hemd, Bluse, Anzug und Kostüm

Wenn Sie erst einmal verräterische Flecken oder Düfte an Hemd, Bluse, Jacke oder Anzug haben, ist das Kind in den Brunnen gefallen. Es gilt daher der Grundsatz »Vorbeugen ist besser als Heilen«. Der folgende Tipp beschreibt den – aus pragmatischer Sicht – idealen Ablauf einer Zusammenkunft mit dem Ziel, den Kontakt Ihres Partners mit Ihrer Kleidung und der Kleidung untereinander zu vermeiden. So können Sie verräterische Gerüche und Flecken mit Sicherheit ausschließen.

Tipp: Die sicherste Zeremonie beim Zusammenkommen
Die einzig wirksame Methode, sich vor Flecken und intensiven Gerüchen aller Art (Sperma, Make-up, Lippenstift, Rasierwasser, Parfüm, Nikotin etc.) wirksam zu schützen, besteht in der vollständigen Entkleidung vor dem ersten Körperkontakt. Außerdem muss die Kleidung beider Partner an getrennten Orten hängen, sodass sie nicht die Haare des anderen Partners auf- sowie seine körperspezifischen Gerüche annehmen können. In Hotelzimmern bietet sich z.B. für Partner 1 der Kleiderschrank und für Partner 2 das Bad an, sodass beide Kleidungssets vom Raum des Vergnügens abgeschottet sind.
Das folgende Verfahren beschreibt den Weg ins gemeinsame Bett, ohne mit der Kleidung des jeweils anderen Partners in Kontakt gekommen zu sein:
Person 1 kommt ins Hotelzimmer oder die Wohnung. Sie zieht sich aus und hängt ihre Kleidung im Kleiderschrank auf. Wenn sie möchte, kann sie sich jetzt duschen, bevor sie sich ins Bett legt.

Person 2 kommt zeitversetzt, zieht sich aus und hängt ihre Sachen ins Bad. Sie kann nun ebenfalls duschen und anschließend zu Person 1 ins Bett hüpfen.
Erfahrungen zeigen, dass eine derartige Trennung der Kleidung dafür sorgt, dass es selbst bei extrem parfümierten Menschen nur zu geringsten Geruchsveränderungen kommt (die im Zweifel mit der Anwesenheit einer duftenden Sekretärin etc. erklärt werden können).

Leider geht auch das schönste Schäferstündchen einmal zu Ende, und beide Partner müssen sich trennen. Katastrophal ist in diesem Fall das immer wieder gerne zelebrierte Szenario, bei dem beide vollbekleidet noch leidenschaftliche Abschiedsküsse austauschen. Dies sollte man noch nackt im Bett machen und anschließend auf den folgenden Ablauf zurückgreifen:

Tipp: Die sicherste Trennungszeremonie
Das folgende Vorgehen beschreibt eine Trennungszeremonie, welche den Kontakt mit der Kleidung des Partners vermeidet. Hierbei soll angenommen werden, dass sich die Kleidung wie oben beschrieben in Bad und Kleiderschrank befinden:

Nach dem Sex geht Person 1 ins Bad, duscht und zieht ihre dort deponierte Kleidung an, bevor sie die Wohnung oder das Hotelzimmer verlässt.
Person 2 geht anschließend duschen und zieht ihre im Kleiderschrank befindliche Kleidung an.

So weit, so gut. Natürlich sind aber auch wir nicht so weltfremd, dass wir nicht wüssten, dass auch der beste Vorsatz einmal von Gefühlsausbrüchen zunichte gemacht werden kann. Auch in Ihrer »Karriere« als Fremdgeher, liebe Leserin und lieber Leser, werden Sie es erleben oder bereits erlebt haben, dass man bei voller Bekleidung mit dem leidenschaftlichen Vorspiel beginnt oder sich gegenseitig die Kleidung vom Körper reißt und auf einem undefinierten Haufen neben dem Bett zusammenwirft.

Sieht man nach dem Sex wieder etwas klarer, wird einem meistens recht schnell bewusst, was man angerichtet hat – aber nun gibt es kein Zurück mehr: Der Lippenstift hat sich auf dem Hemdkragen verewigt, und die Bluse duftet wunderbar nach »Cool Water«.

Der folgende Notfallplan erklärt, wie Sie ohne große Umstände auch hartnäckige Flecken schnell und rückstandslos aus Ihrer Kleidung herausbekommen. Wir haben zahlreiche Produkte getestet und dabei tatsächlich eines gefunden, das alle gängigen Make-ups, Lippenstifte, Nagellacke etc. aus allen untersuchten Textilien herausgebracht hat. Leider hat auch dieses Produkt – wie alle anderen – einen entscheidenden Nachteil: Es hinterlässt nach der Anwendung einen sehr eigenwilligen, chemischen Geruch. Der folgende Tipp beschreibt daher auch, wie Sie dieses Problem lösen können:

Tipp: Notfallplan für Make-up- und Lippenstiftflecken
Falls Sie die Lust übermannt (oder überfraut) und Sie sich in voller Bekleidung in die Arme fallen, ist die Wahrscheinlichkeit sehr hoch, dass Ihre Kleidung entsprechende verräterische Spuren aufnimmt. Da die Zeit natürlich nicht ausreicht, diese in eine Reinigung zu geben, hilft nur folgender Notfallplan:

Besorgen Sie sich vor dem ersten Treffen eine Sprühdose des Produktes »RZ Fleckenhammer« und füllen Sie ein wenig von dem Waschmittel in eine Tupperdose, das Sie und Ihr Ehepartner für die Waschmaschine verwenden. Beides lagern Sie an einem neutralen Ort, den Sie nach dem Sex und vor dem Heimgehen noch aufsuchen und an dem Sie unbeobachtet agieren können, z.B. in einem (abschließbaren) Schrank in Ihrem (abschließbaren) Büro. Den »RZ Fleckenhammer« bekommen Sie durch folgenden Kontakt:
Andy Sell
St. Georg Str. 7
97723 Oberthulba
Tel: 09704/5755
Dieses Produkt ist nach unseren Untersuchungen sekundenschnell absolut wirksam gegen alle Make-ups, Lippenstifte und sogar Nagellackflecken und kostet ca. € 9,-.
Entfernen Sie den oder die Flecken, wie in der Produktbeschreibung angegeben.
Um den aggressiven Duft des Fleckenhammers aus Ihrer Kleidung zu entfernen, rühren Sie einen Teelöffel des heimischen Waschmittels in eine halbe Tasse Wasser ein; falls Sie kein Waschpulver, sondern Tabs verwenden, zerdrücken Sie einen Tab mit zwei Fingern, sodass er sich pulverisiert.
Tupfen Sie nun mit den Fingern so wenig wie möglich von dieser Mischung auf den Kleidungsbereich, den Sie zuvor mit dem Fleckenhammer bearbeitet haben, und lassen Sie es mindestens zehn Minuten einwirken.
Spülen Sie den Bereich anschließend vorsichtig mit Wasser aus, ohne alles nass zu machen.
Wenn Sie keinen Fön zur Hand haben und mit der feuchten Stelle auch nicht unauffällig an den Händetrockner auf dem McDonald's-Klo herankommen, müssen Sie warten, bis die Kleidung wieder getrocknet ist. Es sei denn, es regnet – dann

können Sie sich nassregnen lassen und sich so die perfekte Spülung und Tarnung besorgen.

Viel gefährlicher als isolierte Flecken sind Gerüche, da diese an der gesamten Kleidung haften können und mit einer punktuellen »Nachwäsche« nicht zu bekämpfen sind. Die einzige wirksame Methode gegen Aufdeckung besteht darin, die Kleidung in die chemische Reinigung zu bringen und sich spontan neu einzukleiden. Dies ist an sich nichts Ungewöhnliches, wenn man einen plausiblen Grund für die Verunreinigung beibringen kann.

Tipp: Notfallplan für Parfüm- und Rasierwasserduft
Das folgende Szenario beschreibt, wie Sie sich ein Alibi dafür verschaffen können, dass Sie Ihre Kleidung in die Reinigung bringen mussten:
Besorgen Sie sich vor dem ersten Treffen einen Stift »Stabilo point 88« der Firma Pelikan, im Idealfall in der Farbe Rot. Lagern Sie diesen an einem neutralen Ort, z.B. in einem Schrank in Ihrem Büro.
Schneiden Sie, wenn es so weit ist, den Schaft mit einem Messer auf oder bringen Sie den Stift einfach behutsam zum Zerbrechen, bis die rote Tinte ausläuft. Träufeln Sie diese auf ein Blatt Papier. Tauchen Sie mindestens zwei Fingerkuppen in die Farbe ein und waschen Sie Ihre Hände nach einer Pause von ca. 2–3 Minuten. Die Farbe lässt sich kaum entfernen und verbleibt gut sichtbar auf den Fingerkuppen.
Bringen Sie Ihre Kleidung in die Reinigung und kaufen Sie vorher, wenn nötig, ein neues Hemd, eine neue Bluse etc., damit Sie sich umziehen können.
Sagen Sie Ihrem Ehepartner, der Stift sei in der Mitte durch-

gebrochen und die rote Tinte sei auf Jacke, Sakko, Kostüm, Bluse, Hemd etc. gespritzt, sodass Sie diese in die Reinigung hätten bringen müssen. Die rote Farbe auf Ihren Fingern bezeugt die verzweifelten Versuche der Schadensbegrenzung. Wenn sich Ihr Ehepartner wundert, warum Sie die Sachen sofort weggebracht haben und nicht erst nach Hause gekommen sind, sagen Sie, Sie hätten gehört, dass solche Flecken nach einer gewissen Trockenzeit gar nicht mehr herauszubekommen seien.

Wenn Sie bei einem abendlichen Treffen Opfer von verdächtigen Gerüchen werden, haben Sie natürlich keine Möglichkeit mehr, Ihre Kleidung in die Reinigung zu bringen, geschweige denn sich ein neues Hemd zu kaufen. Hier hilft nur das Abtauchen in ein Restaurant (nach unseren Erfahrungen ideal sind griechische oder jugoslawische Lokale) oder eine verrauchte Kneipe, wo der Rauch innerhalb von 30–60 Minuten auch starken Parfümgeruch zudeckt.

Die Folgen körperlicher Liebesbeweise: Wie erklärt man Kratzspuren, Knutschflecken und blaue Flecken?

Wenn Sie Ihren Verstand gebrauchen, lieber Leser und liebe Leserin, können Sie, wie im letzten Abschnitt beschrieben, alle Auffälligkeiten an Ihrer Kleidung vermeiden.
Spätestens im Bett hört jedoch der Verstand auf zu wirken – und das ist ja auch gut so, sonst könnte man ja auch gut essen gehen, statt Sex zu haben. Der höchste Risikoträger für die Entdeckung Ihres Seitensprungs ist daher Ihr eigener Körper, der je nach Leidenschaft Ihrer Affäre mit Kratz-, Beiß-, Knutsch- oder anderen Flecken gezeichnet sein könnte. Die folgenden Tipps beziehen sich daher darauf, Ihrem Ehepartner nachvollziebar Ihren malträtierten Körper zu erläutern.

Beginnen wir mit einem typischen Merkmal am männlichen Körper, das frau mit Ihren langen Fingernägeln immer wieder gerne im Zustand der Ekstase hinterlässt: Kratzspuren, je nach Stellung auf Bauch, Rücken oder Gesicht.

Tipp: Erklärung von Kratzspuren
Die einzige Möglichkeit, bei einem Erwachsenen Kratzspuren zu erklären, ist ein extrem starker Juckreiz, wie er vor allem bei Neurodermitis-Kranken auftritt. Aber auch, wenn Sie zu den glücklichen Menschen gehören, die nicht an Neurodermitis leiden, gibt es eine plausible Ursache für einen temporären, extrem starken Juckreiz: Eine Nahrungsmittelallergie. Um diese glaubhaft vorzutäuschen, gehen Sie wie folgt vor:

Besorgen Sie sich aus einer Apotheke Kortisonsalbe »Ebenol 0,25 %«, die Sie rezeptfrei erhalten. Diese verwendet man normalerweise gegen starken Juckreiz.
Cremen Sie die Kratzspuren ein.
Erzählen Sie Ihrem Ehepartner, Sie hätten in einem Schnellimbiß gegessen und schrecklichen Juckreiz bekommen (hier kann die Ursache auch in altem Fett der Friteuse gelegen haben).
Erzählen Sie weiterhin, Sie hätten sich auf dem WC entkleiden und kratzen müssen, weil es unerträglich gewesen sei. Wenn Sie Kratzspuren auf dem Rücken haben, wo Ihre Hand nicht hinkommt, erzählen Sie, Sie hätten einen scharfen Metallgegenstand (je nach Beruf auswählen) zum Kratzen benutzt.
Als Beweis legen Sie erforderlichenfalls die halb leere Salbentube vor.

Noch ein kleiner Zusatztipp: Raue Böden wie z.B. Kieselstrände, Teppichböden aus Kunststoff etc. hinterlassen manchmal auffällige Schürfwunden an den Knien; bei intensivem Sex bemerkt man den Schmerz erst, wenn es schon zu spät ist. Da eine Erklärung für solcherart aufgeschlagene Knie bei intakter Kleidung schwer zu finden ist, empfehlen wir, sich zum Sex nicht mit nackten Knien auf solche Teppichböden zu knien, sondern etwas darunterzulegen, z.B. eine Zeitung oder ein Handtuch.

Neben den Kratzspuren sind vor allen Dingen Knutsch- und blaue Flecken problematisch. Der folgende Tipp gibt Ihnen eine wasserdichte Erklärung:

Tipp: Erklärung für Knutsch- und blaue Flecken
Wenn Sie Knutsch- oder blaue Flecken davongetragen haben, gilt es je nach Lokalität dieser Flecken eine nachvollziehbare Erklärung zu erfinden. Unkritisch sind dabei Beine, Arme und Brust, da man Flecken an diesen Stellen leicht mit Stößen gegen Stuhl, Tisch oder Türrahmen erklären kann. Kritischer sind das Gesicht und vor allen Dingen der Hals, da man dort im Normalfall kaum anstoßen kann. Gehen Sie daher wie folgt vor:

Kaufen Sie sich in einer Apotheke eine Tube der juckreizstillenden Mückenstichsalbe »Fenistil« und eine Packung Pflaster.
Kurz bevor Sie nach Hause zu Ihrem Ehepartner gehen, cremen Sie die Salbe auf den gesamten Bereich des Flecks und reiben diese sehr stark ein.

Der Trick besteht darin, dass der eingecremte Bereich eine relativ intensive Rötung annimmt, sodass der »Fleck« an dieser Stelle leicht zu erklären ist. Je stärker Sie die Salbe einmassieren, desto stärker wird die Rötung.
Kleben Sie anschließend noch ein Pflaster drauf.
Erzählen Sie Ihrem Ehepartner, Sie seien von »einem Viech« gestochen worden – ob Käfer, Mücke o.Ä. lassen Sie besser offen, damit Sie nicht in die Jahreszeitfalle stolpern. So können Sie im November sicherlich keinen Wespenstich glaubhaft machen. Wenn Ihr Ehepartner einen Biologen zu Rate zieht, haben Sie schlechte Karten – es sei denn, Sie wissen selbst exakt, welches Tier zu welcher Jahreszeit stechen kann ...
Falls Ihr Ehepartner misstrauisch ist und Sie das Pflaster entfernen lässt, sieht er eine Rötung Ihrer Haut, wie sie für die verwendete Salbe typisch ist.

Wiederherstellung des Originalgeruchs nach dem Bettsport

Selbst wenn Sie, liebe Leserin und lieber Leser, »fleckenlos« und ohne fremde Körperdüfte aus der Begegnung mit Ihrer Affäre herausgekommen sind, nützt Ihnen dies nur wenig, wenn Ihr Ehepartner schon aus drei Metern Entfernung merkwürdige Duftspuren an Ihnen feststellen kann, die auf veränderte Toilettengewohnheiten schließen lassen. Die meisten Menschen haben nämlich die Angewohnheit, die typischerweise für die Körperpflege notwendigen Artikel für längere Zeit nicht zu wechseln. Dies bezieht sich auf Haarshampoo, Seife, Shower-Gel, Rasierwasser, Parfüm, Make-up etc., die jeden Menschen in eine individuelle Dufthülle einschließen. Das Entscheidende dabei ist nicht die Qualität des Duftes selbst (diese irritiert bzw. beeindruckt mehr die Mitmenschen als den Ehepartner, der sich irgendwann daran gewöhnt), sondern die Konstanz und der Wiedererkennungswert. Da Sie nach dem Bettsport mit Ihrer Affäre zwangsläufig duschen müssen (es sei denn, Sie sind Profisportler, dem es nichts ausmacht, nach dem Training verschwitzt und mit entsprechender Duftnote nach Hause zu fahren), gilt es auch hier, Vorsorge zu treffen:

Tipp: Erzeugen Sie Ihren individuellen Duft täglich!
Die wichtigste Maßnahme besteht darin, Ihren Ehepartner zunächst einmal konstant an Ihren persönlichen Duft zu gewöhnen. Hierzu sind folgende Maßnahmen erforderlich:
Duschen Sie täglich, um ein möglichst intensives und regelmäßiges Duftbild zu hinterlassen. Hierbei sind unerlässlich:
– Haare waschen mit Shampoo
– Duschgel eher reichlich als zu sparsam auftragen
– Deo verwenden; eher reichlich als sparsam einsprühen
– Bei Männern Rasierwasser auftragen (sehr starker Geruch, der Fremdduft im Gesicht sehr gut überdeckt)
– Bei Frauen Parfüm insbesondere am Hals auftragen
Verwenden Sie Standard-Produkte, die Sie zur Not auch abends im 24-Stunden-Laden, am Flughafen oder am Bahnhof kaufen können. Vermeiden Sie exotische Produkte, die nur eine Parfümerie in 200 km Umkreis führt, denn vielleicht brauchen Sie sie gerade an einem Freitagabend ganz dringend!

Normalerweise finden Sie natürlich weder in Hotels noch bei Ihrer Affäre sämtliche von Ihnen verwendete Produkte vor. Deswegen ist es notwendig, sicherzustellen, dass Sie nach dem Sex unter der Dusche und im Bad allgemein eine komplette Reihe »Ihrer« Produkte vorfinden. Ist Ihr Partner

Single, können Sie die Sachen ganz einfach bei ihm/ihr deponieren. Falls Sie sich im Hotel treffen, Open-Air-Sex haben oder den Park bevorzugen, müssen Sie sich ein »Duft-Pack« zusammenstellen. Dies ist nicht ganz unkritisch wegen der Lagerung am Arbeitsplatz. In der Regel fällt es nämlich auf, wenn Sie diesen mit einer Waschtasche, einer Plastiktüte oder einem Rucksack in der Hand statt mit einem Aktenkoffer oder einer Werkzeugkiste verlassen. Unauffällig zu regeln ist die Sache für Sportler, die immer mit einer Sporttasche herumlaufen. Für alle anderen der folgende Tipp:

Tipp: Verstauen Sie Ihre Duftartikel in einem Postpaket mit einem für Ihren Arbeitsplatz typischen Absender!
Am unverdächtigsten ist immer die Korrespondenz mit einer in Ihrem Betrieb bekannten Firma. Überlegen Sie sich daher, mit welchen Firmen und Personen Sie über Ihre Arbeit kommunizieren. Dies könnten z.B sein:
– Hersteller von Werkzeug oder Produkten (für Mitarbeiter in einem Handwerksbetrieb)
– Anbieter von EDV-Schulungen (für Mitarbeiter in einer Bank/Versicherung)
– Zulieferbetrieb oder Verlag einer Autozeitschrift (für Mitarbeiter bei einem Automobilhersteller)
– Verlag für Fachliteratur (für Steuerberater / Juristen / Ärzte)
– Verlag für Schulbücher (für Lehrer)
Haben Sie eine solche Firma/Person identifiziert, gehen Sie wie folgt vor:
Gehen Sie zur Post und kaufen Sie ein Postpaket, das groß genug für alle Waschutensilien ist (die kleinste Variante sollte reichen).

Schreiben Sie per Computer oder mit neutraler, nicht als die Ihre erkennbarer Handschrift!

Adressieren Sie das mit Füllmaterial ausgestopfte Paket an sich selbst mit dem Zusatz »persönlich« in Ihrer Firma:

Eichborn Verlag AG
Herrn Klaus Müller
- persönlich -
Fantasiestr. 12
60344 Frankfurt

Geben Sie als Absender die Person bei der Firma, mit der Sie in Geschäftskontakt stehen, in folgender Form an:

Winfried Müller
SIEMENS AG
Buchstr. 12
80335 München

Diese Reihenfolge ist wichtig, um den privaten Charakter des Paketes zu unterstreichen – wäre es von der Siemens-Poststelle aufgegeben worden, wäre es maschinell beschriftet worden! Geben Sie das Paket auf, damit es abgestempelt wird!

Kaufen Sie ein vollständiges Sortiment Shampoo, Duschgel, Rasierwasser, Parfüm, Deo etc. Ihrer häuslichen Marken.

Nach dem Eingang des Pakets in Ihrem Büro packen Sie die Toilettenartikel ein (wenn Sie alleine sind, oder Sie nehmen es mit zum Einkaufen), kleben es mit Tesafilm zu und stellen es in einen Schrank. Nach unserer Erfahrung muss dieser nicht einmal abgeschlossen sein, da bei bekanntem Absender keine Neugierde der Kollegen zu erwarten ist.

Der abschließende Bodycheck vor der Heimkehr

Trotz aller Vorsichtsmaßnahmen raten wir dringend dazu an, vor der Heimkehr noch eine abschließende Überprüfung nach einer Art Checkliste vorzunehmen. Bitte denken Sie daran, liebe Leserin und lieber Leser, dass schließlich auch Piloten vor jedem Start ihres Flugzeugs eine solche Checkliste abarbeiten, obwohl sie sicherlich nachts im Schlaf die notwendigen Tätigkeiten herunterbeten könnten. Es gibt jedoch Situationen im Leben, wo jeder Fehler verheerende Folgen hat – genau wie ein fehlerbehafteter Flugzeugstart zum Super-GAU führt, reicht ein Hinweis für Ihren Ehepartner, um Sie den privaten Super-GAU erleben zu lassen.

Gewöhnen Sie es sich deshalb an, vor der Heimkehr wie ein Pilot zu handeln, indem Sie stets die folgende **Checkliste** abarbeiten. Sie umfasst die aus unser Sicht **minimal erforderlichen Überprüfungen**, um dem kritischen Blick Ihres Ehepartners standzuhalten.

– Sind die Haare so geföhnt und gekämmt wie üblich?
Gesicht und Hals bei Frauen:
– Sind Make-up, Lippenstift, Mascara aufgetragen?
– Sind Knutschflecken oder Kratzspuren erkennbar?
– Sind Ohrringe und Halskette – falls vorhanden – angelegt?
Gesicht und Hals bei Männern:
– Sind Knutschflecken oder Kratzspuren erkennbar?
– Sind Flecken von Lippenstift und/oder Make-up vorhanden? (Wange, Lippen, Ohr)
– Ist Rasierwasser aufgetragen?
– Sind Knutschflecken oder Kratzspuren an Brust/Rücken erkennbar? (Bitte auch Rückseite durch Seitensprung-Partner checken lassen!)
– Wurde Deo gesprüht?
– Sind Hemd/Bluse richtig geknöpft?
– Wurde die Unterwäsche richtig herum angezogen?
– Sind Flecken auf Hemd/Bluse vorhanden? (Bitte auch Rückseite durch Partner checken lassen!)
– Sind Armbanduhr und Ringe angelegt?
– Sind Flecken auf Anzug/Kostüm/Jacken vorhanden?

Das Handy und das Internet – spurenlose Kommunikation (fast) zum Nulltarif

Die Kommunikation mit dem Objekt Ihrer Begierde, liebe Leserin und lieber Leser, ist eine der heikelsten Angelegenheiten – sie ist allgegenwärtig, unverzichtbar und mit hohen Risiken hinsichtlich der Entdeckung durch Ihren Partner verbunden, wenn Sie nur den klitzekleinsten Fehler machen.

Sich einmal in der Woche zu verabreden kann doch nicht so schwierig sein, denken Sie jetzt? Nun, wenn man sich beim Fremdgehen auf den Saunaclub oder den Callboy beschränkt, genügt ein Telefonat zum Verabreden vielleicht – aber spätestens dann, wenn es sich um eine Affäre handelt, tritt bei den meisten Menschen der intensive Wunsch auf, sich zwischenzeitlich wie oft auch immer mit seinem männlichen bzw. weiblichen Lover auszutauschen. Inbesondere solche Zweitbeziehungen, die nicht ausschließlich sexuell motiviert sind, sondern auch durch den Wunsch, einen Menschen zum Gedankenaustausch zu haben, weil zum Beispiel der feste Partner sein Leben mit Freunden, Arbeitskollegen und Bekannten an einem vorbei führt, sind extrem kommunikationsintensiv – und bedeuten natürlich eine besonders große Herausforderung für das Organisationsgeschick der Beteiligten.

Zunächst möchten wir Ihnen an dieser Stelle drei Tipps geben, wie Sie katastrophale, aber immer wieder gerne gemachte Fehler vermeiden, die schon so mancher Beziehung den Garaus gemacht haben, weil sie es selbst wenig oder gar nicht misstrauischen Partnern verunmöglichten, die Affäre nicht zu entdecken.

Telefonieren Sie niemals von Ihrem Festnetzanschluss zu Hause mit Ihrem oder Ihrer Geliebten!

Die Telefonnummer Ihres oder Ihrer Geliebten, des Callboys oder der Geschäftsführerin eines Saunaclubs wird bei der Telekom unauslöschlich gespeichert. Selbst wenn Sie standardmäßig keinen Einzelgesprächsnachweis geordert haben, kann das von Ihrem Partner noch monatelang durch einen einzigen Anruf bei der Telekom nachgeholt werden! Und selbst wenn Sie ein konspiratives Postfach besitzen, sind Sie nicht sicher: Die Angabe einer Faxnummer durch Ihren Partner reicht dafür aus, dass die »kundenfreundliche« Telekom das für Sie tödliche Papier zu allen Zielen auf dieser Welt faxt – zum Beispiel ins Büro Ihres Partners!

Telefonieren Sie niemals von Ihrem Firmenhandy mit Ihrem oder Ihrer Geliebten und schicken Sie niemals eine SMS von diesem!

Sie sind in der glücklichen Lage, von Ihrem Arbeitgeber ein Diensthandy gestellt zu bekommen? Glückwunsch! Allerdings ist dieses Statussymbol trotz der zunächst verlockenden finanziellen Unauffälligkeit für die heimliche Kommunikation gänzlich ungeeignet. Mehr als eine Revisionsabteilung hat schon einmal den Mitarbeitern überraschend und ohne vorherige Ankündigung Einzelgesprächsnachweise nach Hause geschickt, verbunden mit der Bitte, die »uns unbe-

kannten« Nummern zu erläutern. Sie können darauf wetten, dass sich Ihr Partner dieser Frage unverzüglich anschließen wird.

Und davon abgesehen: Möchten Sie an jedem Wochenende schwitzen müssen, wenn Ihr Partner Ihr mit nach Hause gebrachtes Firmenhandy anschaltet, weil Sie beten müssen, dass keine SMS oder Mailboxnachricht Ihres oder Ihrer Geliebten eingetrudelt ist?

Kommunizieren Sie niemals schriftlich – auch nicht über ein Postfach oder postlagernd!

Wir haben vollstes Verständnis dafür, wenn Sie glauben, die gute alte Post wäre ein billiges und zuverlässiges Transportmedium für Ihre Liebesbriefe. Leider hat dieses System jedoch mehrere Macken, die Ihrem Partner nicht verborgen bleiben werden: Bei der Einrichtung eines Postfachs bzw. eines Postlagerungsauftrags werden automatisch alle Sendungen, nicht nur die Ihres oder Ihrer Geliebten, dort deponiert. Es ist mehr als auffällig, wenn plötzlich überhaupt keine Post mehr für Sie ankommt. Der Postfachschlüssel ist zudem weder in Ihrer Brieftasche noch im Handschuhfach Ihres Autos vor Entdeckung sicher. Das größte Risiko ist jedoch der – oft wechselnde – Briefträger: Zufällige Begegnungen mit Ihrem Partner auf der Straße, verbunden mit Fragen wie: »Warum hat Ihr Mann/Ihre Frau eigentlich ein Postfach oder einen Lagerungsauftrag eingerichtet?« haben schon mehr als eine Ehe ruiniert.

Jetzt werden Sie, liebe Leserin und lieber Leser, uns wahrscheinlich fragen, wie wir uns das eigentlich vorstellen: Sie dürfen keine Post empfangen und weder das beim Chef erschmeichelte Firmenhandy noch Ihren schönen Telefonapparat zu Hause nutzen – ja, was dürfen Sie dann überhaupt noch?

Auf diese Frage gibt es nur eine überzeugende Antwort: Die total sichere Kommunikation kann ausschließlich über ein Zweithandy erfolgen, das Sie natürlich NIEMALS mit nach Hause nehmen, sondern ausschließlich an Ihrem Arbeitsplatz deponieren dürfen! Wir werden Ihnen in der Folge aufzeigen, wie Sie dieses ohne große Zusatzausgaben finanzieren und die auftretenden Kosten vor Ihrem Partner effektiv verbergen können.

Wenn Sie zumindest zeitweise auf die Stimme Ihres oder Ihrer Geliebten verzichten können, haben wir eine noch bessere Lösung für Sie: Das allgegenwärtige Internet belastet Sie finanziell gar nicht oder nur minimal, und einen Gegenstand wie das Handy müssen Sie auch nicht verstecken.

Lassen Sie uns also eintauchen in die spurenlose Kommunikation – unsichtbar für Ihren Partner und Ihren Chef.

Der richtige Handy-Anbieter und -Tarifvertrag

Wenn es um den Kauf eines Zweithandys geht, muss man zunächst überlegen, welcher Anbieter und welche Vertragsform zum Einsatz kommt. Hierzu unser erster Tipp, der verhindert, dass Ihrem Partner Ihr unmoralisches Vorhaben frei Haus geliefert wird:

Schließen Sie niemals einen Handy-Vertrag ab!

Beim Abschluss eines Handy-Vertrags müssen Sie die Kontonummer für die Abbuchungen der Telefonkosten sowie der Grundgebühr angeben. Die Telefongesellschaften arbeiten ausschließlich mit Einzugsermächtigungen, weil das Rechnungswesen sonst kosten- und aufwandsmäßig kollabieren würde. Dies bedeutet, dass alle Einzüge auf Ihren Kontoauszügen erscheinen – Ihren Partner wird es freuen! Außerdem bekommen Sie die Monatsabrechnungen an Ihre Adresse nach Hause geliefert. Die Angabe der Adresse Ihres Büros oder besten Freundes funktioniert nicht, da sie beim Vertragsabschluss von Ihrem Personalausweis übernommen wird, den Sie zwangsläufig vorlegen müssen.

Um an ein konspiratives Zweithandy zu kommen, gibt es aber zum Glück noch einen sicheren Weg, den sich die Telefongesellschaften eigentlich für Kinder ohne festes Einkommen ausgedacht haben: den Prepaid-Tarif. Hierbei wird eine Chipkarte in Kombination mit einem Handy erworben, die auf unterschiedliche Weise mit Geld aufgeladen werden kann. Dieses Geld kann anschließend abtelefoniert oder »abSMSt« werden, bis die Karte leer ist. Sie können dann wieder spurlos laden, abtelefonieren usw.

Kaufen Sie ein Handy mit Prepaid-Karte!

Dies ist der einzige Weg, ein Handy anonym zu betreiben: Sie bekommen keine Rechnung nach Hause geschickt, müssen keine Bankverbindung für eine Abbuchung angeben und können die Karte mit Bargeld (oder über einen gefaketen Tankvorgang an der Tankstelle, siehe hierzu Kapitel »Finanzierung einer Affäre«) wieder aufladen. Alle ernst zu nehmenden Telefonanbieter haben heute Prepaid-Angebote im Programm, die sich lediglich durch Feinheiten in der Tarifstruktur sowie die Phantasie bei der Namensgebung unterscheiden (siehe Tabelle 1).

Wie Sie erkennen können, unterscheiden sich die Angebote bezüglich der auftretenden Kosten mit einer Ausnahme nicht – E-Plus ist sowohl beim Telefonieren im eigenen Netz als auch beim Versand von SMS günstiger als die Mitbewerber. Der folgende Abschnitt beschäftigt sich mit der Frage, wie die

E-PLUS FREE & EASY – Taktung 10 Sekunden	Hauptzeit Mo–Fr 7–20 Uhr	Nebenzeit Mo–Do 20–7 Uhr; Fr 0–7 Uhr	Wochenende Fr ab 20 Uhr bis So 24 Uhr
Deutschland	0,87 €	0,36 €	0,08 €
C-Netz, D1-Netz, D2-Netz, Viag Interkom	0,87 €	0,36 €	0,36 €
e-plus	0,15 €	0,15 €	0,15 €
SMS ins D1-Netz, D2-Netz, Viag Interkom	0,20 €	0,20 €	0,20 €
SMS ins e-plus	0,20 €	0,20 €	0,20 €
Mailbox	0,20 €	0,20 €	0,20 €

D1 – T-MOBIL – XTRA CARD 10 Sekunden Taktung	Hauptzeit Mo–Fr 7–20 Uhr	Nebenzeit Mo–Do 20–7 Uhr; Fr 0–7 Uhr	Wochenende Fr ab 20 Uhr bis So 24 Uhr
Deutschland	0,87 €	0,35 €	0,08 €
C-Netz, D1-Netz	0,35 €	0,20 €	0,20 €
D2-Netz, e-plus, Viag Interkom	0,87 €	0,35 €	0,35 €
SMS ins D1-Netz	0,20 €	0,20 €	0,20 €
SMS ins D2-Netz, e-plus, Viag Interkom	0,20 €	0,20 €	0,20 €
Mailbox	0,30 €	0,20 €	0,20 €
CITY / Best Friend	0,20 €	0,20 €	0,08 €

D2 – CALLYA – 10 Sekunden Taktung	Hauptzeit Mo–Fr 7–20 Uhr	Nebenzeit Mo–Do 20–7 Uhr	Wochenende Fr ab 20 Uhr bis So 24 Uhr
Deutschland Festnetz	0,87 €	0,35 €	0,08 €
C-Netz, D1-Netz	0,87 €	0,35 €	0,35 €
D2-Netz	0,35 €	0,20 €	0,20 €
e-plus, Viag Interkom	0,87 €	0,35 €	0,35 €
SMS ins D1-Netz, e-plus, Viag Interkom	0,20 €	0,20 €	0,20 €
SMS ins D2-Netz	0,20 €	0,20 €	0,20 €
Mailbox	0,30 €	0,20 €	0,20 €
CITY / Best Friend	0,20 €	0,20 €	0,08 €

Alle Preise pro Minute incl. Mwst. – Angaben ohne Gewähr!

Tabelle 1: Übersicht Prepaid-Handy-Tarife, Stand Januar 2002

zwangsläufig auftretenden Kosten minimiert bzw. vor Ihrem Partner versteckt werden können.

Zunächst nehmen wir also an, dass Sie trotz unseres Hinweises auf die Möglichkeit kostenloser Kommunikation mit dem Objekt Ihrer Begierde zumindest dann und wann auch dessen elektrisierende Stimme hören möchten. Hierzu folgender Tipp:

Kaufen Sie ein Prepaid-Handy des Anbieters, den auch Ihr Geliebter/Ihre Geliebte benutzt!

Wenn Sie die Tarife in Tabelle 1 studieren, fällt vor allem eines auf: Die Telefonate zu einem Handy im gleichen Netz (egal ob D1, D2 oder ein anderer Anbieter) sind dramatisch billiger als zu einem Gerät in einem Fremd- oder gar Festnetz. Wenn also Ihr Geliebter/Ihre Geliebte schon ein Handy besitzt, kaufen Sie das Prepaid-Paket desselben Anbieters. Falls beide gezwungen sind, ein Handy neu anzuschaffen, wählen Sie beide das Free&Easy-Paket von E-Plus. Und bedenken Sie vor allem eines: Auch ein Billig-Handy, das nicht so »trendy« ist wie die neueste Generation mit WAP und anderen optischen und technischen Schnörkeln tut seinen Dienst – zumindest was die Kommunikation mit Ihrem oder Ihrer Geliebten angeht!

Vielleicht haben Sie ja sogar das Glück, einen Partner zum Fremdgehen gefunden zu haben, den Sie ungezwungen im Büro oder sogar im Home-Office anrufen können. In diesem Fall erhöhen sich die Telefonkosten gegenüber einem Handy im selben Netz natürlich erheblich, aber auch hierfür gibt es einen Trick, Kosten zu verringern:

Kaufen Sie ein D1- oder D2-Prepaid-Handy und lassen Sie die Büronummer Ihres oder Ihrer Geliebten als »Best Friend« eintragen, wenn Sie das Prepaid-Handy kaufen!

Ursprünglich haben die Verkaufsstrategen der Telefongesellschaften mit der Angabe einer »Best-Friend-Nummer«, d.h. einer einzigen Festnetznummer, zu der man billiger telefonieren kann als zu allen anderen Nummern, beabsichtigt, dass Kinder besonders billig mit Ihren Eltern telefonieren können. Sie geben natürlich die Büro- oder Homeoffice-Nummer Ihres oder Ihrer Geliebten an, wenn er oder sie Ihnen diese unvorsichtigerweise schon gegeben hat. Falls Sie Stammgast bei einem Callboy oder in einem Saunaclub sind, ist deren Nummer natürlich grundsätzlich auch dazu angetan, hier gespeichert zu werden. Aber Achtung: Denken Sie daran, die Angabe für die »Best-Friend-Nummer« bei Ihrer Telefongesellschaft sofort nachzuziehen, falls sich die Nummer ändert! Sonst wird es nämlich ab sofort wieder erheblich teurer für Sie!

Obwohl man es kaum glauben kann, wird auch bei einem Zweithandy oft ein verheerender Fehler gemacht:

Wählen Sie auf keinen Fall eine PIN, die Ihrem Partner in irgendeiner Weise bekannt sein könnte!

Sie können niemals ausschließen, aus Versehen irgendwann einmal das Handy in Ihrem Anzug, Ihrem Hemd, Ihrer Hose oder in Ihrem Blaumann zu vergessen, wenn Sie von der Arbeit nach Hause gehen. Für diesen Fall haben wir weiter unten einen Tipp für Sie bereit, wie Sie Ihrem Partner ohne Probleme erklären können, dass es sich NICHT um Ihr Handy handelt.
Das funktioniert jedoch nur, wenn nicht »zufällig« eine Ihnen

bekannte PIN gespeichert ist, da hiermit die Glaubwürdigkeit Ihrer Aussagen ad absurdum geführt werden kann. Vermeiden Sie daher alle PINs, die Ihrem Partner bekannt sein könnten. Dies sind insbesondere:
PIN von weiteren Privathandys
PIN des Firmenhandys
PIN von EC-Karten
PIN von Kreditkarten
PIN von Tank- oder Servicekarten (bei Firmenwagenbesitzern mit Vollleasingverträgen)
PIN von Alarmanlagen, Codeschlössern, Tresoren etc.

Nehmen Sie stattdessen als PIN z.B. einfach das Geburtsjahr einer bekannten Persönlichkeit oder eines für Sie wichtigen Ereignisses, das auch anderen Personen bekannt sein könnte. Ein Beispiel: PIN 1990, das Jahr des letzten Fußball-WM-Titels der deutschen Nationalmannschaft.

Kostenreduzierung durch SMS und E-Mails via Internet

Wir möchten jetzt zu einer Möglichkeit kommen, noch mehr Geld zu sparen. Die einzige Einschränkung, die Sie hierfür akzeptieren müssen, ist, dass Sie Ihre heißen Gedanken oder Verabredungen nicht mehr persönlich von Mund zu Ohr flüstern, sondern schriftlich per SMS (Short Message System) austauschen müssen. Hierzu folgender Tipp:

Eine SMS ist immer billiger als ein Telefonat!

Eine SMS kann bis zu 160 Zeichen enthalten. Dies reicht in der Regel aus für alle wichtigen Informationen bezüglich Verabredungen, Liebesbeteuerungen etc. Untersuchungen haben gezeigt, dass bei einem Telefonat mit dem oder der Geliebten die eigentliche Kernbotschaft nur maximal 30 Prozent des Gesprächs ausmacht – der Rest der Zeit wird mit Begrüßung, Verabschiedung und Small-Talk zugebracht. Deswegen: Wenn Sie nicht vor Sehnsucht sterben, tippen Sie lieber eine SMS ein, deren Kosten Sie ganz genau kennen, als sich auf ein in puncto Länge und Kosten unkalkulierbares Telefonat einzulassen – oder sagen Sie etwa nach genau einer Minute: »Ciao, ich muss dich abwürgen, wird zu teuer.«

Natürlich haben Sie Recht, wenn Sie mir anhand von Tabelle 1 nachweisen, dass auch eine SMS-Versendung weit von den versprochenen Null-Kosten entfernt ist. Aber keine Angst, hier kommt der absolute Super-Tipp zum kostenlosen SMS-Verschicken:

Senden Sie KOSTENLOS SMS aus dem Internet!

Dass es möglich ist, kostenlos E-Mails zu verschicken, hat sich schon herumgesprochen. Leider schleppt jedoch kaum ein Mensch den ganzen Tag einen Computer mit sich herum, den er auch noch kostenintensiv per Handy an das Internet an-

schließt. Verschiedene E-Mail-Dienste wie GMX oder Hotmail bieten jedoch Ihren Mitgliedern an, pro Stunde eine begrenzte Anzahl von SMS vom PC direkt auf das Handy zu verschicken. Der Vorteil neben den Null-Kosten ist natürlich auch die totale Anonymität des Absenders.

Alles, was Sie dazu brauchen, ist ein anonymes E-Mail-Konto. Wir möchten Ihnen anhand eines Beispiels (GMX – Global Message Exchange, im Internet an der Adresse http:///www.gmx.de vertreten) ein paar Hinweise für eine einfache und schnelle Einrichtung Ihrer anonymen E-Mail-Adresse an die Hand geben, von der Sie anschließend SMS an das Handy Ihres oder Ihrer Geliebten verschicken können:

So richten Sie einfach eine anonyme E-Mail-Adresse ein

Wählen Sie http:://www.gmx.de an.
Wählen Sie den Link »Anmelden« im Navigator auf der linken Seite aus.
Geben Sie als persönliche Daten absolute Phantasiedaten in Bezug auf Namen und Adresse ein und geben Sie keine Telefonnummern und E-Mail-Adressen (z.B. in Ihrer Firma) an!
Geben Sie die weiteren Daten gemäß Abbildung an (Phantasiegeburtsdatum!). Die Verneinung von Computer, Handy, Organizer vermeidet in der Folge weitere Fragen, die Sie nur unnötig Zeit kosten.
Drücken Sie den Button »Übernehmen«.
Geben Sie in der Folge Phantasiedaten für die Branche ein und drücken Sie den Button »Übernehmen«.
Geben Sie eine Wunsch-E-Mail-Adresse ein, wählen Sie als

Domain »GMX.DE« aus und drücken Sie den Button »Übernehmen« (Hinweis: Ist der gewünschte Name schon vergeben, kommt ein diesbezüglicher Hinweis. Ändern Sie den Namen einfach ab, indem Sie z.B. die Ziffer »100« hinzufügen.)
Wählen Sie keines der angezeigten Kästchen aus und drücken Sie gleich den Button »Übernehmen«.
Bestätigen Sie die komplette E-Mail-Adresse, definieren Sie ein Passwort und geben Sie eine Sicherheitsfrage nebst Antwort ein (s.u.).
Scrollen Sie ganz nach unten bis der Button »Übernehmen« sichtbar wird. Klicken Sie das Kästchen für die Akzeptanz der Nutzungsbedingungen an und drücken Sie den Button »Übernehmen«.
Drücken Sie auf der folgenden Seite sofort den Button »Übernehmen« – die fertige Anmeldung wird Ihnen präsentiert.

Der problematischste Teil der Anmeldung besteht in der Eingabe des Passwortes und der Sicherheitsabfrage. Denn wenn Ihr Partner es aus welchem Grund auch immer schaffen sollte, Ihre geheime E-Mail-Adresse herauszubekommen, hängt es von Ihrer Auswahl an dieser Stelle ab, ob er Ihre konspirative Korrespondenz zu Gesicht bekommt oder nicht. Deswegen folgende zwei Super-Tipps für die geschickte Auswahl von Passwort und Sicherheitsabfrage, die es Ihrem Partner absolut unmöglich machen, hinter Ihr Geheimnis zu kommen, wenn Sie ihm den Algorithmus zur Generierung beider Buchstabenfolgen nicht verraten:

Legen Sie das Passwort so fest, dass Ihr Partner niemals darauf kommt!

Vermeiden Sie alle bekannten Passwörter (egal woher sie stammen), sondern gehen Sie wie folgt vor:

Nehmen Sie ein Buch zur Hand, das Sie regelmäßig bei Ihrer Arbeit benötigen oder das zu Hause im Bücherregal steht. Es ist egal, ob es sich um ein Werk mit DIN-Normen, ein Management-Handbuch oder das Playboy-Jahrbuch handelt.
Schlagen Sie die Seite auf, die Ihrem Geburtsdatum entspricht (wenn Sie z.B. am 24.11.1964 Geburtstag haben, die Seite 24).
Suchen Sie das Wort auf der Seite auf, das Ihrem Geburtsmonat entspricht (wenn Sie z.B. am 24.11.1964 Geburtstag haben, das elfte Wort).
Nehmen Sie die folgenden 8 Buchstaben als Passwort. Wenn das Wort kürzer als 8 Buchstaben ist, nehmen Sie die restlichen von dem oder den folgenden Wörtern, ansonsten schneiden Sie nach dem 8. Buchstaben ab.

Beispiel 1: Die Wörter 11, 12 und 13 auf der Seite 24 lauten wie folgt: »Es ist wirklich zum ...«. In diesem Fall heißt Ihr Passwort »ESISTWIR«.

Beispiel 2: Die Wörter 11, 12 und 13 auf der Seite 24 lauten wie folgt: »Mondschein des Sommers ...«. In diesem Fall heißt Ihr Passwort »MONDSCHE«.

Bei Umlauten ändern Sie »Ä«, »Ö« und »Ü« in »AE«, »OE« und »UE« ab.

Schreiben Sie sich dieses Passwort auf keinen Fall auf, sondern nehmen Sie trotz des Umstandes jedes Mal beim Einloggen Ihr Buch zur Hand, wenn Sie es sich nicht merken können!

Der Vorteil dieses Verfahrens: Ihr Partner hat absolut keinen Ansatzpunkt für Ihr Passwort, wenn er die Methode nicht kennt, und für Sie ist es jederzeit durch eine eindeutig festgelegte Vorgehensweise nachvollziehbar. Das Beste ist: Selbst wenn Ihr Partner die obige Methode entschlüsseln würde, fehlt ihm der entscheidende Hinweis, nämlich welches Buch Sie herangezogen haben.

Legen Sie die Sicherheitsfrage so fest, dass Ihr Partner niemals auf die Antwort kommt!

Sinn und Zweck der Sicherheitsfrage ist es, Ihnen bei vergessenem Passwort die weitere Nutzung Ihres E-Mail-Accounts zu ermöglichen. Sie ist also insofern kritisch, als es Ihrem Partner nach richtiger Beantwortung möglich ist, ein neues, eigenes Passwort zu vergeben und damit unbeschränkten Zugriff auf Ihre Mails und SMS zu erhalten. Vermeiden Sie daher alle Fragen, die auch Ihr Partner beantworten könnte (z.B. Namen Ihres Kindes, Autokennzeichen etc.), sondern geben Sie als Frage zwei völlig unsinnige Buchstabenkombinationen an, aus denen sich keinerlei Rückschlüsse auf die Antwort ziehen lassen.

Beispiel für eine Frage:

abc def

Achten Sie auf das Leerzeichen zwischen den Buchstaben »c« und »d«, da z.B. GMX mindestens zwei Wörter als Frage erwartet. Geben Sie als Antwort einen Text ein, der wie folgt erzeugt wird:

Nehmen Sie wie schon bei der Passwortvergabe ein Buch zur Hand, das Sie regelmäßig bei Ihrer Arbeit benötigen oder das zu Hause im Bücherregal steht.

Schlagen Sie die Seite auf, die den ersten 2 Ziffern Ihres Geburtsjahres entspricht (wenn Sie z.B. am 24.11.1964 Geburtstag haben, die Seite 19).

Suchen Sie das Wort auf der Seite auf, das den letzten zwei Ziffern Ihres Geburtsjahres entspricht (wenn Sie z.B. am 24.11.1964 Geburtstag haben, das vierundsechzigste Wort).

Nehmen Sie die folgenden zehn Buchstaben als Antwort. Wenn das Wort kürzer als zehn Buchstaben ist, nehmen Sie die restlichen von dem oder den folgenden Wörtern, ansonsten schneiden Sie nach dem zehnten Buchstaben ab.

Beispiel 1: Die Wörter 64, 65 und 66 auf der Seite 19 lauten wie folgt: »Der Mann an der Straßenecke ...«. In diesem Fall heißt Ihre Antwort »DERMANNAND«.

Beispiel 2: Die Wörter 64 und 65 auf der Seite 19 lauten wie folgt: »Riesenglück gehabt«. In diesem Fall heißt Ihre Antwort »RIESENGLUE«.

Bei Umlauten ändern Sie »Ä«, »Ö« und »Ü« in »AE«, »OE« und »UE« ab!

Bitte schreiben Sie sich diesen Text auf keinen Fall auf! Erneut gilt: Der Vorteil dieses Verfahrens ist, dass Ihr Partner absolut keinen Ansatzpunkt für Ihre Antwort hat, wenn er die Methode nicht kennt. Und für Sie ist es jederzeit durch eine eindeutig festgelegte Vorgehensweise nachvollziehbar.

Das Beste ist: Selbst wenn Ihr Partner die obige Methode entschlüsseln würde, fehlt ihm der entscheidende Hinweis, nämlich welches Buch Sie herangezogen haben.

Mit Recht fragen Sie sich an dieser Stelle, wie Ihr Partner überhaupt eine Ahnung von Ihrer geheimen E-Mail-Adresse bekommen sollte. Das kann aber tatsächlich leicht passieren, wenn Sie zum Beispiel an Ihrem privaten PC Spuren hinterlassen haben, die leider unvermeidlich oder nur mit technischem Aufwand zu beseitigen sind. Deswegen hierzu folgender Super-Tipp:

Reinigen Sie Ihren PC von den Spuren Ihrer geheimen Mail-Aktivitäten!

Schließen Sie den Internet-Browser.
Starten Sie den Windows-Explorer und wählen Sie im Menü »Extras« den Punkt »Suchen« in »Dateien/Ordner« an.
Geben Sie in dem geöffneten Fenster als Name »*.*« an und wechseln Sie auf die Lasche »Weitere Optionen«.
Geben Sie in dem Feld »Enthaltener Text« Ihre E-Mail-Adresse ein (z.B. »Onkel_Dagobert_100«, wie in obigem Beispiel).
Drücken Sie den Button »Starten«.
Löschen Sie alle Dateien, die gefunden und aufgelistet werden, indem Sie diese markieren, die rechte Maustaste drücken und die Option »Löschen« anwählen.
Gehen Sie auf der Arbeitsoberfläche auf das Symbol »Papierkorb«, drücken Sie die rechte Maustaste und wählen Sie den Punkt »Papierkorb leeren« an.

Damit haben Sie alle Spuren Ihres Log-in unter Ihrem geheimen Passwort unwiederbringlich gelöscht! Zwar kann immer noch nachvollzogen werden, auf welcher Seite Sie waren, aber nicht mehr Ihre E-Mail-Adresse. Falls Sie auch noch verschleiern möchten, welche Internetadressen Sie angewählt haben, müssen Sie die Historie in Ihrem Browser löschen. Geben Sie hierzu einfach 20 Phantasie-http-Adressen nacheinander ein und drücken Sie jedes Mal die Eingabe-Taste. Die zuvor angesehene Seite wird damit in der Historie an Position 21 verschoben und ist nach Schließen und erneutem Öffnen des Browsers nicht mehr sichtbar.

Wenn Sie das für vollkommen überzogen halten, können wir Ihnen nur eines antworten: Um vollkommen sicher zu sein, muss man sich schon etwas Mühe geben, nur dann kann bestimmt keine Ihrer Aktivitäten nachvollzogen werden.
Es gibt zu dieser Technik zwei Alternativen, von denen leider besonders gerne diejenige umgesetzt wird, die Sie doch nur in trügerischer Sicherheit wiegt:

Nutzen Sie niemals Ihren Firmen-PC, um Ihrem oder Ihrer Geliebten SMS oder E-Mails zu schicken!

Falls Sie nicht in Ihrer eigenen Firma arbeiten, erwartet Sie der Super-GAU in Person Ihres Netzwerkadministrators. Er protokolliert nämlich sehr genau, wer was zu welcher Zeit im Internet getrieben hat. Wenn Sie Pech haben, werden sogar die Datenströme aufgezeichnet, sodass genau nachvollzogen werden kann, an wen Sie welche Mail oder SMS geschickt haben. Ihre Tätigkeiten bleiben so lange unentdeckt, bis Sie vielleicht einmal dazu befragt werden, weil das Unternehmen Kosten sparen und die Internet-Aktivitäten seiner Mitarbeiter daher reduzieren möchte. Diese Befragung erfolgt leider meist schriftlich – in einem Brief, der an Ihre Privatadresse zugestellt wird und dokumentiert, wann Sie sich auf welcher Seite aufgehalten haben. Wenn Ihr Partner Ihren Administrator dann noch mal zum Essen einlädt, ist der Weg zum genauen E-Mail-Text auch nicht mehr weit – was die Erfahrung schon mehr als einmal bestätigt hat.

Der sichere Weg zum Verschicken von E-Mails und SMS aus dem Internet: Gehen Sie ins Internet-Café

In fast allen Städten gibt es mittlerweile so genannte Internet-Cafés zum Surfen in entspannter Atmosphäre. Hier können Sie absolut anonym E-Mails verfassen, SMS schicken oder sich auch mit dem Objekt Ihrer Begierde in einem so genannten Chat-Room verabreden. Hier können Sie per Tastatur locker plaudern oder sich heiße Dinge ins Ohr flüstern. Abgerechnet wird nach der online verbrachten Zeitspanne. Eine halbe Stunde bekommen Sie für etwa 2,50 € und eine ganze für 5 €. Viele Internet-Cafés bieten zudem Rabattkarten für größere Zeitkontingente an, die anschließend »abgesurft« werden können.

Billiger als das billigste Handy-Telefonat: Chatten im Internet

Dank Internet bietet sich noch eine völlig neue Art der konspirativen Kommunikation: das Chatten. Hierbei handelt es sich um die Möglichkeit, in so genannten Chat-Rooms unter einem völlig anonymen Namen (dem so genannten »Nick«) mit anderen Menschen zu sprechen. Sie können sich zu einer bestimmten Zeit in einem bestimmten Chat-Room verabreden und über die Tastatur Ihres PCs im Vergleich zu einem Handy-Telefonat sehr kostengünstig kommunizieren, da lediglich die Gebühren für den Provider anfallen. Der größte Vorteil ist jedoch, dass Sie nicht wie für Ihr Zweithandy Schwarzgeld beschaffen müssen, da Ihr Partner zwar anhand der Telefonrechnung feststellen kann, dass Sie im Internet waren, aber nicht herausbekommt, dass Sie mit Ihrem oder Ihrer Geliebten gechattet haben. Sie sind natürlich so geistesgegenwärtig zu sagen: »Schatz, ich habe Reiseangebote für uns angeschaut!« oder: »Ich habe mich fortgebildet« ...

Am Beispiel der sehr bekannten Chat-Rooms unter der Adresse http://www.allegra.de/talk möchten wir Ihnen kurz die Arbeitsweise und den Zugang erläutern.

Chatten leicht gemacht – so können Sie kostengünstig kommunizieren

Wählen Sie die Adresse http://www.allegra/talk in Ihrem Browser an.
Drücken Sie auf den Button »Face to face«.
Geben Sie im Eingabefeld den Nicknamen an, den Sie zuvor mit Ihrem oder Ihrer Geliebten vereinbart haben (z.B. »Willi_aus_Bonn«, wenn Sie in Wirklichkeit Klaus heißen und aus Hamburg kommen). Vermeiden Sie jeden Hinweis auf Ihre wahre Identität!

Drücken Sie den Button »Face to Face«.
Wenn die Meldung »Chat Server full« erscheint, gehen Sie in Ihrem Browser eine Seite zurück und drücken Sie erneut den Button »Face to Face«.
Wenn Sie im Chatroom angekommen sind, wählen Sie das Nick Ihres Partners in der Liste aus, und geben Sie den Text, den Sie ihm oder ihr senden möchten, im oberen Feld ein.
Drücken Sie den Button »Senden«.
Ihr Partner bekommt den Text nunmehr auf seinem Bildschirm dargestellt.

Aufbewahrung des Handys – wo Ihr Partner es garantiert nicht findet

Eine sehr diffizile Frage stellt sich im Hinblick auf die Lagerung Ihres Handys über Nacht und am Wochenende. Die einfachste Möglichkeit besteht natürlich in einem abschließbaren Spind oder Schreibtisch an Ihrem Arbeitsplatz. Damit Sie – bis Ihnen dieser abendliche Vorgang in Fleisch und Blut übergegangen ist – nicht vergessen, das Handy dort zu deponieren, empfehlen wir Ihnen, einen unverfänglichen Zettel mit der Aufschrift: »Alles für die Heimfahrt vorbereitet?« an einem Ort, den Sie auf jeden Fall vor der Heimfahrt aufsuchen, zu hinterlegen. Falls diesen ein Kollege entdeckt und Sie anspricht, antworten Sie treuherzig: »Ich muss meinem Schatz doch einen Blumenstrauß oder eine Schachtel Pralinen mitbringen!« Statt Sie des Fremdgehens zu verdächtigen, wird der Tratsch die Qualität Ihrer Ehe als »absolut vorbildlich« in Ihrer Firma bekannt machen.

Was können Sie nun tun, wenn Sie nicht über einen abschließbaren Schrank, Schreibtisch oder Spind verfügen? Hierzu die folgenden zwei Tipps:

Handylagerung für Leser(innen), die mit dem Auto zur Arbeit fahren

Vermeiden Sie jede Lagerung im Fahrzeuginnenraum, denn schon so mancher ist am Wochenende auf die Idee gekommen, ihn einer plötzlichen Reinigung zu unterziehen. Je nach Fahrzeugtyp bieten sich folgende Alternativen an:

– Der Verbandskasten: Sorgen Sie für den notwendigen Platz, indem Sie zum Beispiel die Kompressen entfernen (und bitte wegwerfen, nicht in den Kofferraum o.Ä. legen!), verstauen Sie das Handy und befestigen Sie den Kasten wieder an seinem Platz. Entdeckungswahrscheinlichkeit: sehr gering (nur dann, wenn sich ein Unfall mit Verletzten ereignet und Ihr Partner helfen möchte).
– In der Felge des Reserverades: Befestigen Sie das Handy mit starkem Klebeband an der Felge des Reserverades. Entdeckungswahrscheinlichkeit: je nach Fahrzeugzustand gering bis sehr gering (nur bei Reifenpannen).
– Hinter Verkleidungen von Rücklichtern: Klemmen Sie das Handy hinter die Verkleidung der Rückleuchten. Entdeckungswahrscheinlichkeit: extrem gering (nur bei entdecktem Ausfall eines Rücklichtes).
– In einem Buch in Ihrer Aktentasche (siehe hierzu den Supertrick weiter unten).

Handylagerung für Leser(innnen), die nicht mit dem Auto zur Arbeit fahren

Da das Auto als bequemes Versteck ausfällt, ist hier mehr Phantasie gefordert. Als Lagerstätte am Arbeitsplatz eignen sich zudem nur Orte, die »putzkolonnensicher« sind, da Sie sonst mit Sicherheit davon ausgehen können, dass das Handy, wenn schon nicht gestohlen, so doch beim Pförtner abgegeben wird.
Als geeignet haben sich je nach Arbeitsumgebung folgende Orte erwiesen:
– Befestigung des Handys mit Klebeband an der Unterseite einer Schreibtischplatte. Dies muss nicht ihr eigener sein; wenn Sie selbst keinen zur Verfügung haben, nutzen Sie den der Sekretärin oder des Chefs.
– Deponierung auf einem Schrank, der so hoch ist, dass man von unten keine Einsicht hat: Je näher das Handy an der Wand und an der Schrankmitte liegt, desto sicherer ist es.
– In Werkstätten mit Rollcontainern Befestigung mit Klebeband an der Unterseite eines Containers.
– In einem Buch in Ihrer Aktentasche (siehe hierzu den folgenden Supertrick).

Handylagerung wie ein Top-Agent: So täuschen Sie Ihren Partner und können das Handy mit nach Hause nehmen

Wenn sich trotz aller Phantasie kein Platz in Auto oder Ar-

beitsstätte für Ihr Handy findet, bleibt Ihnen nichts anderes übrig, als dieses mit nach Hause zu nehmen. Als unverdächtiges Transportmittel bietet sich ein Buch an, in das ein Loch entsprechend der Handygröße geschnitten wurde. Gehen Sie dabei wie folgt vor:

Wählen Sie ein Buch aus, von dem Sie behaupten können, es in der U-Bahn oder im Bus lesen zu wollen (am besten: Bezug zur Arbeit), und das mindestens eineinhalb mal so dick und mindestens 5 cm höher und breiter ist als Ihr Handy.

Legen Sie das Handy mittig auf eine Seite des aufgeschlagenen Buches und zeichnen Sie mit einem Stift ein Rechteck um das Handy herum. Der Abstand von den Seitenrändern sollte oben und unten bzw. links und rechts identisch sein.

Nebmen Sie ein scharfes Messer (z.B. ein Teppichmesser aus dem Baumarkt) und schneiden Sie das Rechteck aus (je nach Papierqualität schaffen Sie mit einem Schnitt bis zu 0,5 cm Dicke).

Nehmen Sie die ausgeschitteten Papierrechtecke heraus und schneiden Sie das nächste Paket aus.

Wiederholen Sie diesen Vorgang so lange, bis die entstandene Vertiefung der Dicke des Handys entspricht, das Sie dann hineinlegen können. Wenn Sie das Buch zuschlagen, ist es völlig unsichtbar geworden.

Wenn Sie das Buch mit Telefonfüllung in Ihrer Aktentasche verstauen, können Sie beides mit nach Hause nehmen. Aber Achtung: Stellen Sie penibel sicher, dass Ihr Handy ausgeschaltet ist, bevor Sie es dort verstauen! Ihre Tarnung fliegt sofort auf, wenn es plötzlich in Ihrer Aktentasche klingelt!

Handylagerung für Hausfrauen und Hausmänner

Die Hausfrau und der Hausmann haben es hier erheblich einfacher als Ihre arbeitenden Kollegen, da der risikoreiche Transport des Handys zum Arbeitsplatz und zurück entfällt. Als sicherer Platz zu Hause empfehlen sich:

Bei Frauen:
Kosmetikkoffer
In einem Schuh im Schuhschrank
Im Kleiderschrank hinter Pullovern o.Ä.
In einem Kochtopf (wenn der Mann nicht kocht!)

Bei Männern:
Im Kleiderschrank hinter Pullovern o.Ä.
In der Werkzeugkiste (wenn die Frau nicht heimwerkt!)
In einer Videokassettenhülle, die im Schrank steht

Speicherung von konspirativen Telefonnummern – einfach zu merkende Verschlüsselungsalgorithmen für den Notfall

Stellen Sie sich vor, liebe Leserin und lieber Leser, Sie vergessen einmal, Ihr Zweithandy aus dem Anzug, Ihrer Handtasche oder dem Blaumann zu nehmen und in Ihrem Schreibtisch oder Spind zu verschließen, bevor Sie nach Hause fahren. In diesem Fall hätten Sie sich, sollte es Ihrem Partner in die Hände fallen und er so die Möglichkeit bekommen, die darin gespeicherte(n) Nummer(n) Ihrer Lustobjekte anzurufen und deren Verhältnis zu Ihnen zu klären, bereits Ihr eigenes Grab geschaufelt.

Bevor Sie abwinken und sich denken: »Was soll's, dann nehme ich eben eine PIN-Nummer, die er oder sie nicht kennt, und schon ist alles geregelt!«, möchten wir Sie fragen, wie Sie ihm in einem solchen Fall auch nur die bloße Existenz eines Zweithandys erklären und ihm dann noch begreiflich machen wollen, aus welchen seriösen Gründen Sie die PIN-Nummer nicht rausrücken wollen. Damit würden Sie das Vertrauen Ihres Partners auf eine mehr als harte Probe stellen. Deswegen wenden Sie lieber gleich folgenden Tipp für ausgeschaltete Handys an:

So erklären Sie die Existenz eines ausgeschalteten Zweithandys

»Ach Liebling, ich hatte heute Besuch von einem Kollegen/ Kunden aus Bremen« – wenn Sie selbst in Bremen leben, nennen Sie natürlich eine andere Stadt – *»der hat es bei mir im Büro/in der Firma vergessen. Ich wollte es da nicht einfach rumliegen lassen.«*
Kommt dann die Frage nach der PIN-Nummer, antworten Sie selbstverständlich wie folgt: *»Woher soll ich die PIN-Nummer meines Kollegen/Kunden kennen?«*
Falls die Frage nach seinem Namen gestellt wird, sagen Sie nur: *»Er hatte so einen komplizierten indischen Namen. Wieso ist er so wichtig für dich?«*

Achtung: Dieser Trick zieht natürlich nur ein einziges Mal!

Kritischer wird die Sache dann, wenn Ihr Partner das eingeschaltete Handy entdeckt hat. Zwar können Sie sicherlich auch hier argumentieren, ein Kollege oder Kunde habe es bei Ihnen vergessen, aber sicherlich nicht verhindern, dass Ihr Partner im Telefonbuch des Handys herumschnüffelt (»mal sehen, wen der so alles gespeichert hat«). Deswegen hierfür folgender Supertrick für die Speicherung von Telefonnummern:

Speichern Sie Telefonnummern im Handy unter falschen Namen und manipulierten Nummern!

Speichern Sie nur unverdächtige Nachnamen (Müller, Meier, Schulze etc.). Vornamen des jeweils anderen Geschlechtes sind hochgradig verdächtig!

Speichern Sie Nummern wie folgt:

Zählen Sie bei der Vorwahl grundsätzlich um 1 hoch oder runter (z.B. speichern Sie statt 0170 dann 0171 oder statt 0174 lieber 0173). Achtung: Achten Sie darauf, keine nicht existierenden Vorwahlen wie 0181 abzuspeichern!
Rotieren Sie die Ziffern der Telefonnummer um eine Stelle nach rechts und hängen Sie die letzte Ziffer wieder vorne an (so wird z.B. aus 1234567 dann 7123456).

Beispiel: Aus 0170/3463864 wird 0171/4346386

Wenn Ihr Partner diese Nummer anruft, gibt es zwei Möglichkeiten: Entweder ist sie nicht vergeben oder es geht eine Person ran, die auf Nachfrage erklärt, dass sie niemals von Ihnen gehört hat – wie sollte sie schließlich auch, die Nummer stammt ja aus dem Telefonbuch Ihres Freundes oder Kollegen!

Der Treffpunkt – konspirative Zusammenkünfte ohne Belege und Zeugen

Ein besonderes Risiko besteht in den Zusammenkünften mit Ihrer Affäre. Oft unterschätzt man die Neugierde unserer lieben Mitmenschen und die daraus resultierenden »Missverständnisse«. Jeder Zeuge Ihrer Treffen ist genau ein Zeuge zu viel, der Ihnen irgendwann einmal das Genick brechen kann. Auch das Gedächtnis unserer Umwelt wird oft unterschätzt. Dabei genügt es, sich einmal im Fernsehen die Sendung »Aktenzeichen XY... ungelöst« anzusehen, wo immer wieder drei, fünf oder zehn Jahre zurückliegende Kriminalfälle aufgeklärt werden können, nur weil ein Mitbürger den Verbrecher auf dem ebenso alten Fahndungsfoto erkannt hat.
Auf die größten Gefahren jedoch weist der Lehrsatz hin, der besagt: »Man sieht sich grundsätzlich mindestens zweimal im Leben«, und dessen ausnahmslose Gültigkeit wir selbst schon häufig bestätigt fanden. Stellen Sie sich nur einmal die folgende Situation vor: Ihr Ehepartner überrascht Sie mit einem Wochenende in einem kleinen, abgelegenen Romantikhotel, das Sie sonst mit Ihrer Affäre besuchen. Sie können absolut sicher sein, dass dort irgendetwas auffällt: Schon beim Einchecken besteht das Risiko, dass Sie mit einem freundlichen: »Hallo, Herr Müller, wie geht es Ihrer netten Sekretärin?« begrüßt werden, oder Sie sind dauernd übernervös, oder die Blicke der Hotelangestellten sprechen Bände – nein, für Fremdgänger gibt es nur einen bewährten Grundsatz: Anonymität und keine Zeugen! Die folgenden Kapitel stellen daher die größten Risiken und Strategien zu ihrer Vermeidung dar.

Treffen bei ihr oder ihm – nur bei Singles in der Großstadt

Weil Sie dieses Buch gekauft haben, gehen wir davon aus, dass Sie verheiratet oder ähnlich fest gebunden sind. Damit ist Ihre Wohnung oder Ihr Haus für Treffen mit Ihrer Affäre absolut tabu.

Treffen Sie sich niemals mit Ihrer Affäre in Ihrer Wohnung oder in Ihrem Haus!

Bei Treffen in Ihrer Wohnung drohen folgende Risiken:
Bei Treffen tagsüber:
Ihre An- und Abfahrt wird beobachtet; Ihr Ehepartner könnte bei nächster Gelegenheit von Nachbarn gefragt werden: »Ist Ihr Mann/Ihre Frau krank? Ich habe ihn/sie tagsüber nach Hause kommen sehen.«
Die An- und Abfahrt Ihrer Affäre wird beobachtet; Ihr Ehepartner wird gefragt: »Wer ist denn tagsüber bei Ihnen im Haus? Haben Sie einen Untermieter/eine Untermieterin?«
Das Auto eine oder zwei Straßen weiter zu parken, ist vollkommen sinnlos, da Sie in jedem Fall Ihre Wohnung bzw. Ihr Haus betreten müssen.
Auch eine Ausforschung der Lebensgewohnheiten Ihrer Nachbarschaft nützt nichts. Selbst wenn für gewöhnlich alle tagsüber arbeiten, können sie einmal krank werden, Urlaub haben oder einen wichtigen privaten Termin wahrnehmen müssen.
Ihr Ehepartner kann überraschend nach Hause kommen (z.B. wegen einer Krankheit oder einem dringenden Problem des Kindes in Kindergarten oder Schule). Selbst wenn dieses in

soundso vielen Ehejahren noch nie vorgekommen ist, kann einmal immer das erste Mal sein.
Bei Treffen abends (wenn z.B. Ihr Ehepartner auf einer Dienstreise ist) ist das Risiko der Entdeckung natürlich noch größer, weil die Nachbarn mit Sicherheit zu Hause sind. Und schon so manche Dienstreise ist überraschend verkürzt worden. Stellen Sie sich vor, er/sie kommt mit dem Nachtzug oder dem Auto morgens um zwei nach Hause, während Sie glücklich mit Ihrer Affäre im Ehebett liegen!

Ähnliche Risiken gelten auch für die Wohnung Ihrer Affäre, wenn diese verheiratet ist:

Treffen Sie sich niemals mit Ihrer verheirateten Affäre in deren Wohnung oder Haus!

Bei Treffen in der Wohnung Ihrer verheirateten Affäre drohen ähnliche Gefahren, wenn das Fremdgehen aus einem der oben schon genannten Gründe auffliegt. Natürlich betrifft dies zunächst einmal die Ehe Ihrer Affäre, aber dabei bleibt es nicht: Hat diese nämlich erst einmal nichts mehr zu verlieren, wird sie, mit dem Rücken zur Wand, auf Druck ihres Ehepartners Ihre Identität preisgeben.
Selbst wenn sie dies nicht tut, wird sie in ihrer emotionalen Ausnahmesituation nicht mehr klar denken können: Sie wird Sie anrufen oder den Direktkontakt zu Ihnen suchen, um das weitere Vorgehen zu besprechen, und dabei unvorsichtig werden (Anruf vom Festnetz etc.).
Der Ehepartner Ihrer Affäre wird die Schuld sofort bei Ihnen suchen. Er wird Sie deshalb fertig machen wollen, Sie anrufen und

Sie treffen wollen, um Ihnen zu sagen, was für ein verkommenes Subjekt Sie sind, seinen geliebten Partner zu verführen.

Höchstwahrscheinlich wird der Ehepartner Ihrer Affäre auch Rachegelüste verspüren: Wenn schon seine Ehe kaputtgeht, soll wenigstens Ihre gleich mit zerstört werden. Sie müssen daher damit rechnen, dass er alles tun wird, um Ihrem Ehepartner mitzuteilen, dass Sie fremdgegangen sind.

Gehen Sie davon aus, dass Ihre Affäre Ihnen keine Hilfe leistet: Wenn es um Kinder, Vermögen und eine langjährige Beziehung geht, wird in den meisten Fällen die Affäre geopfert – und zwar ohne Rücksicht auf Verluste!

Günstiger sieht die Sache lediglich aus, wenn Ihre Affäre Single ist. In diesen Fällen besteht bei Treffen in ihrer/seiner Wohnung natürlich zunächst einmal nicht die Gefahr, dass ein gehörnter Ehepartner beide Ehen ruiniert. Ein Restrisiko können Sie jedoch nicht vermeiden: die neugierigen Nachbarn, die zwei und zwei zusammenzählen können, wenn Sie als regelmäßiger Besucher auftauchen.

Sie müssen auf jeden Fall damit rechnen, dass Sie gesehen werden, also stellt sich immer die Frage, ob sich in der Nachbarschaft Ihrer Affäre vielleicht jemand findet, zu dem Sie auch andernorts noch Kontakt haben. Hierzu unser Tipp:

KO-Kriterien für ein Treffen mit Ihrer Single-Affäre, wenn deren Wohnung oder Haus in einem Dorf oder in einer Kleinstadt liegt

Checken Sie vor dem ersten Besuch Ihrer Single-Affäre folgende Punkte:

Dokumentieren Sie Ihre privaten und beruflichen Kontakte in einer Namens- und Adressliste.
Wenn Ihre Affäre in einem Dorf oder in einer kleinen Stadt wohnt, in der auch mindestens eine Person aus Ihrem privaten oder beruflichen Umfeld zu Hause ist, besuchen Sie sie dort nicht, da »jeder jeden kennt« und Ihre Treffen kurz- oder mittelfristig durch Tratschen auffliegen.
Ihr Fahrzeug wird bei regelmäßigen Besuchen in Dörfern oder Kleinstädten auffallen, selbst wenn es das örtliche Kennzeichen trägt. Lassen Sie sich zu einer Ausnahme auch dann nicht hinreißen, wenn die öffentlichen Verkehrsmitteln wegen Pannen oder Verspätungen einmal versagen!

In Großstädten ist nach unserer Erfahrung das Risiko einer Entdeckung relativ gering. Schon die Mentalität der Menschen, die sich mehr auf ihr eigenes Leben als auf das ihrer Mitmenschen konzentrieren, reduziert das Risiko erheblich. Zudem sind die moralischen Vorstellungen großzügiger als auf dem Land, wo »man« sonntags brav in die Kirche geht und Ehebruch ein absolutes Tabuthema darstellt. Trotzdem sind auch bei Besuchen Ihrer Single-Affäre in großen Wohnsilos zumindest einige Vorsichtsmaßnahmen angebracht:

KO-Kriterien für ein Treffen mit Ihrer Single-Affäre in deren Wohnung oder Haus in Großstädten

Checken Sie vor dem ersten Besuch Ihrer Single-Affäre folgende Punkte:
Dokumentieren Sie Ihre privaten und beruflichen Kontakte in einer Namens- und Adressliste.

Wenn Ihre Affäre in einer Straße wohnt, in der auch mindestens eine Person aus Ihrem privaten oder beruflichen Umfeld in dieser Stadt zu Hause ist, besuchen Sie sie dort nicht, da Sie durch einen unglücklichen Zufall gesehen werden könnten.
Parken Sie Ihr Fahrzeug immer ein bis zwei Straßen von der Wohnung entfernt und gehen Sie zu Fuß dorthin.
Nehmen Sie schon im Auto den Ehering ab, da es auch in Großstädten einige zumeist ältere Menschen gibt, die Fremdgehen nicht tolerieren. Wenn Sie einem Nachbarn Ihrer Affäre begegnen, stellen Sie sich als Freund bzw. Freundin vor. Alles andere würde man Ihnen nicht glauben, und wer lügt, hat ja bekanntlich etwas zu verbergen.

Der nächste Abschnitt soll Ihnen dann helfen, wenn Sie nicht zu den glücklichen Menschen gehören, die eine Single-Affäre in einer Großstadt haben und die zudem noch in einer Ecke wohnen, wo Sie absolut niemanden kennen. Auch heute gibt es noch bezahlbare Hotels, bei deren Nutzung das benötigte Zusatzbudget nicht zwangsläufig auffällt, und in denen zudem eine bunte Mischung von Gästen verkehrt, die sich garantiert nicht für Sie interessieren.

Günstige Hotels mit großen Betten – eine Übersicht

Wenn Sie nach der Lektüre des letzten Kapitels der Meinung sind, dass das Risiko einer Zusammenkunft bei Ihnen oder Ihrer Affäre doch zu hoch ist, bleiben hierzu zwar theoretisch noch viele Alternativen – wenn man sich die einschlägige Literatur besorgt, könnte man jedoch glauben, dass Betten im Sexualleben der Deutschen nur noch eine untergeordnete Rolle spielen, weil sich dieses hauptsächlich in Baggerseen, im Auto, auf Parkhausdecks, in Flugzeugtoiletten oder direkt auf der Parkbank abspielt.

Man sollte aber, außer natürlich den Tipps in diesem Buch, nicht alles glauben, was geschrieben wird, denn zum einen können Zeitschriften ihre Auflagen nur bedingt durch Berichte in der Rubrik »Sex« steigern, die von »normalem« Sex in »normalen« Betten handeln. Zum anderen werden aus heißen Phantasien spätestens dann Ernüchterungen, wenn man die Vorschläge der Redakteure in die Praxis umsetzt.

Wir können Ihnen versichern, liebe Leserin und lieber Leser, dass die Windgeräusche in einer Flugzeugtoilette mindestens genauso abtörnend sind wie die Wassertemperatur eines Baggersees in den Monaten September bis Mai, und wenn Sie schon einmal Sex in der Zugtoilette eines ICE hatten, wissen Sie, dass Sie dank Kurvenfahrten bei Tempo 200 ohne blaue Flecken nicht wieder herauskommen.

Wenn Sie also nicht den besonderen Kick, sondern wie auch wir selbst qualitativ hochwertigeren »Gourmet-Sex« suchen, bleibt Ihnen wohl oder übel nur ein Hotelbett für dieses Vergnügen. Leider müssen Sie jedoch in der Regel für ein Hotelbett bezahlen, was ja verschiedene Probleme mit sich bringt (in einem Super-Tipp werden wir Ihnen zeigen, dass es mit genügend Dreistigkeit manchmal aber auch umsonst geht!). Der folgende Tipp bietet daher eine Übersicht von preislich günstigen Hotels, die Ihr Budget nicht allzu sehr belasten.

Den höchsten Verbreitungsgrad von Low-Budget-Hotels haben in Deutschland die Hotels der ETAP-Kette, die breite, sextaugliche Betten teilweise für weit unter 50 € anbieten. Zudem ist Ihre Anonymität in diesen Häusern, die vorzugsweise von Vertretern und anderen allein reisenden Geschäftsleuten genutzt werden, gesichert. Sie werden dort keine Gäste aus der Umgebung finden – außer denen natürlich, die mit Ihnen dieses Buch gelesen haben und ein Liebesnest suchen.

Übersicht: Hotels der ETAP-Kette (Stand Januar 2002)

Stadt	Adresse	Telefon	Preis (€)
Aachen	Strangenhäuschen 15	0241/9119	36,50
Augsburg	Senefelderstr. 17	0821/2999820	33,50
Berlin Nord	Veltener Str. 20	03302/5051350	33,–
Berlin Ost	Handwerkerstr. 30	03342/368620	31,–
Berlin Ost	Allee der Kosmonauten 33c	030/54003220	38,–
Berlin Süd	Lindenweg 1	03378/857240	33,–
Berlin Airport	Lilienthalstr. 18	033762/555720	32,–
Bielefeld	Detmolderstr. 314	0521/9223520	32,–
Braunschweig	Saarbrückenerstr. 40	0531/509080	30,50
Bremen	Borgwardstr. 10	0421/837350	34,–
Chemnitz	Carl-Hamel-Str. 7a	0371/2712720	26,50
Dessau	Sollnitzer Allee 4	0340/210690	26,50
Dortmund Airport	Wilhelmstr. 18	02301/2252	35,–
Dortmund West	Provinzialstr. 92	0231/604071	35,–
Dresden	Kaufbacher Ring 7	035204/21240	28,50
Duisburg	Falkstr. 61	0203/3019920	37,–
Düren	Am langen Graben 9	02421/912920	32,–
Düsseldorf Nord	Intorfer Weg 69	02102/185298	35,–
Düsseldorf Süd	Forststr. 97	02103/581041	35,–
Düsseldorf West	Jacob-Kaiser-Str. 5	02154/429465	34,–
Erfurt	In den Weiden 11	0361/4232899	27,50
Erlangen	Am Weichselgarten 24a	09131/771250	31,–
Essen	Am Lichtbogen 1	0201/6340420	37,–
Flensburg	Süderhofenden 14	0461/4808920	33,50
Frankfurt/Offenbach	Sprendlinger Landstr. 175	069/83074420	35,–
Freiburg	Bötzinger Str. 76	0761/4795320	36,–
Gießen	Gottlieb-Daimler-Str. 8	06403/75373	33,–
Halle	Rudolf-Walther-Str. 3	0345/5701920	26,50
Hamburg City	Holstenkamp 3	040/85379820	42,–
Hamburg Nord	Pascalkehre 10	04106/700420	38,–
Hannover Messe	Magdeburger Str. 4	05102/909490	34,–
Hannover West	Rostocker Str. 8	05137/875244	34,–
Ingolstadt	Hepberger Weg 6	08456/3350	33,50
Karlsruhe	Kilisfeldstr. 62	0721/4902720	37,–
Kassel	Max-Planck-Str. 12	0561/518485	33,–
Koblenz	Hinter der Jungenstr. 13	0261/26602	33,–
Köln Süd	Alter Deutzer Postweg 100	02203/33590	38,–
Köln West	Toyota-Allee 40–42	02234/9577820	36,–
Krefeld	Hansastr. 30	02151/6289620	35,–
Leipzig Nord	Föpplstr. 7	0341/2458401	28,–
Leipzig West	Westringstr. 205	034205/97920	26,5

Stadt	Adresse	Telefon	Preis (€)
Leverkusen	Manforter Str. 29	0214/401062	38,–
Lübeck	Berlinerstr. 1–1a	0451/5855820	32,–
Magdeburg	Lindenallee 16	039203/62714	26,50
Mainz	Johannes-Kepler-Str. 10	06131/9135340	36,50
Mannheim	Lenglachweg 18	0621/4847620	37,–
München City	Tegernseer Landstr. 174b	089/69798640	42,–
München Nord	Daimlerstr. 3	089/32709520	41,–
München Süd	Michael-Haslbeck-Str. 20	089/6884870	40,–
Nürnberg	Ulmenstr. 52b	0911/94175820	41,–
Offenbach	Sprendlinger Landstr. 175	069/83074420	35,–
Regensburg	Junkersstr. 1	0941/789541	34,–
Rostock	Am Handelspark 5	038204/12222	30,–
Saarbrücken	Mainzer Str. 171	0681/6852020	33,–
Schwerin	Eckdrift 8	0385/6465120	26,50
Weimar	Steinbrüchenstr. 5ˆ	03643/41676	26,50
Wiesbaden	Borsigstr. 30	06122/702620	36,50
Wuppertal	Gabelsbergerstr. 12	0202/6480948	35,–
Würzburg	Nürnberger Str. 129	0931/2708220	35,–
Zwickau	Rudolf-Ehrlich-Str.	0375/4309320	26,50

Wir möchten Sie an dieser Stelle dringend davor warnen, als Alternative kleine, privat geführte Hotels oder gar Pensionen in Betracht zu ziehen:

Treffen Sie sich niemals mit Ihrer Affäre in einer Privatpension, selbst wenn diese sehr günstig ist!

Bei kleinen, privat geführten Häusern bestehen folgende Risiken:
Im günstigsten Fall:
Schmale, kleine Doppelbetten oder zwei zusammengestellte Einzelbetten;

Besitzer wünscht keine sexuell motivierten Zusammenkünfte und verweigert Ihnen nach dem ersten Treffen eine weitere Vermietung (»Wir sind kein Stundenhotel«).

Im schlimmsten Fall:
Vermieter hat absolut ablehnende Einstellung in Bezug auf Seitensprünge und spioniert Ihnen hinterher (das kann bis zum Notieren Ihrer Autonummer und damit Herausfinden Ihrer Adresse über den Zentralverband der deutschen Versicherungswirtschaft in Hamburg führen).

Vermieter sieht es als »moralische« Aufgabe (meist in Verbindung mit übersteigertem Geltungsbedürfnis oder geringem Selbstbewusstsein), Ihren Ehepartner von Ihrem Treiben zu informieren und Ihre Ehe zu zerstören.

Bei der geringen Anzahl der Gäste und den ausgeprägten persönlichen Bemühungen um deren »Wohl« wird man sich höchstwahrscheinlich auch Ihr Gesicht einprägen.

Weiter oben haben wir davon gesprochen, dass Sie sich mit genügend Dreistigkeit sogar ein Bett kostenlos erschwindeln können. Wie das funktioniert, erklärt Ihnen der folgende Super-Tipp:

Erschwindeln Sie sich ein kostenloses Hotelbett von 9–12 Uhr morgens

Die im Folgenden beschriebene Methode konnte erfolgreich in großen, internationalen Hotelketten wie Hyat, Sheraton,

Arabella, Novotel, Ibis, Mariott, Best Western und Holiday Inn eingesetzt werden.

In diesen großen Business-Hotels checken zahlreiche Gäste zwischen 7 und 9 Uhr morgens aus. Um diese Zeit beginnen die Putzfrauen dann auch, die Zimmer aufzuräumen. Wir nutzen in der Folge die mangelhafte Kommunikation zwischen Rezeption und Putzkolonne aus:
Kleiden Sie sich entsprechend dem Niveau des Hauses. Mit Anzug oder Kostüm fallen Sie am wenigsten auf. Stellen Sie sich an der Rezeption mit einer Zeitung auf und hören Sie den Gästen zu, die auschecken: »Bitte die Rechnung für Zimmer xyz«. Ihre Affäre bleibt in der Hotellobby sitzen.
Fahren Sie mit dem Fahrstuhl alleine in die entsprechende Etage. Prüfen Sie, ob die Zimmertür von xyz geöffnet ist, denn viele Gäste lassen die Tür hinter sich offen, wenn sie auschecken. Falls Sie kein Glück haben, suchen Sie eine Putzfrau. Sie erkennen den aktuellen Standort der Putzfrau an dem Reinigungswagen, der vor der Tür des Zimmers steht, das sie gerade säubert.
Gehen Sie in das Zimmer und sagen Sie Folgendes: »Entschuldigung, ich habe gerade Zimmer xyz ausgecheckt, aber noch etwas vergessen. Bitte schließen Sie mir noch mal kurz auf.« Die Putzfrau kann auf ihrer Arbeitsliste erkennen, dass das Zimmer tatsächlich heute zur Räumung ansteht. Sie wird schon wegen Ihrer mangelhaften Deutschkenntnisse (große Hotels arbeiten grundsätzlich mit ausländischen Billiglohnkräften) und Ihres engen Zeitplans nicht zur Rezeption herunterfahren und nachfragen, sondern Ihnen das Zimmer öffnen. Bedanken Sie sich, greifen Sie zum Handy und informieren Sie Ihre Affäre, damit diese nun nachkommen kann. Gehen Sie auf keinen Fall als Paar zur Putzfrau, da diese Verdacht schöpfen könnte! Paare im Doppelzimmer sind in Business-Hotels absolut untypisch.

Hängen Sie das Schild »Bitte nicht stören!« außen an die Tür, um die Putzfrau fern zu halten. Diese wird nicht böse sein, da die Auscheckzeit erst um 12.00 Uhr mittags endet und Sie solange in »Ihrem« Zimmer bleiben können.

Legen Sie ein unbenutztes Handtuch (in Hotels erkennen Sie diese daran, dass sie nicht auf dem Boden liegen, sondern am Handtuchhalter hängen) oder ein mitgebrachtes auf das Bett, da Sie nicht wissen, wer sich vor Ihnen dort aufgehalten hat.

Verlassen Sie das Zimmer pünktlich um 12.00 Uhr, damit die Putzfrau keinen Ärger bekommt und sich nicht an Sie erinnert!

Wir geben zu, dass diese Methode sehr dreist und nur dann anzuwenden ist, wenn Sie absolut cool und selbstsicher auf die Putzfrau zuzugehen im Stande sind, als wären Sie der legitimierte Gast in diesem Zimmer. Dafür haben Sie ein Luxuszimmer zum Nulltarif, zumindest für drei Stunden!

Auswahl von Hotel und Parkplatz – so wahren Sie Ihre Anonymität

Dieses Kapitel hatten wir wegen der Trivialität der darin gegebenen Hinweise für dieses Buch zunächst nicht berücksichtigt, bis wir jedoch von einem Fall erfuhren, wo sich ein (nicht miteinander) verheiratetes Pärchen in einem Hotel vergnügte und unter anderem eine Flasche Sekt durch den Zimmerservice bestellte, die auch prompt geliefert wurde. Leider handelte es sich jedoch bei diesem Hotelangestellten um einen Vater, der zusammen mit dem Mann im Elternbeirat des Kindergartens saß, in den die Kinder beider gemeinsam gegangen waren – gegangen *waren* deshalb, weil seine Frau mitsamt dem Kind mittlerweile in eine andere Stadt gezogen ist, nachdem sie die Scheidung eingereicht hat.

Es zeigt sich also, dass man niemals vorsichtig genug sein

kann. Der folgende Tipp enthält die Dinge, auf die Sie bei der Hotelauswahl achten sollten, bevor Sie sich dort zusammen mit Ihrer Affäre das erste Mal blicken lassen.

Kriterien für die Auswahl des Hotels und des Parkplatzes für Ihr Auto

Wählen Sie das Hotel nach folgenden Gesichtspunkten aus:
Suchen Sie kein Hotel in der Innenstadt auf, wo Sie von zufällig vorbeikommenden Bekannten oder Kollegen gesehen werden könnten. Am besten geeignet sind entlegene Hotels z.B. in Gewerbegebieten (die Häuser der zuvor empfohlenen Hotelkette ETAP genügen diesem Kriterium).
Suchen Sie kein Hotel in kleinen Orten mit vornehmlich älteren Bewohnern auf, da dort jedes fremde Auto auffällt und zum Registrieren einlädt.
Überprüfen Sie in Ihrer Firma, mit welchen Hotels diese zusammenarbeitet, sei es für Übernachtungen von Mitarbeiter(innen) aus anderen Städten oder zur Abhaltung von Seminaren. Meiden Sie diese Hotels auf jeden Fall, denn wie schon oben erwähnt: Man sieht sich grundsätzlich mindestens zweimal im Leben!
Überprüfen Sie auch im Umfeld Ihrer Affäre, ob dort Bekannte in Hotels arbeiten! Wie anhand des obigen Beispiels ersichtlich, sollten Sie diese Häuser auf jeden Fall meiden.
Parken Sie Ihr Auto nicht auf dem Hotelparkplatz oder in dessen Tiefgarage, es könnte zufällig vorbeikommenden Bekannten auffallen. Parken Sie es stattdessen einige Straßen entfernt und gehen Sie zu Fuß zum Hotel.
Wechseln Sie möglichst das Hotel nach spätestens fünf Besu-

chen, um den Eindruck eines »Stammgastes« zu vermeiden. Sie können nach einer gewissen Pause natürlich später wieder darauf zurückkommen.

Einchecken, Auschecken und Minibar – der spurenlose Hotelaufenthalt

Durch die Beachtung von einigen wenigen Regeln können Sie Ihren Hotelaufenthalt im Wesentlichen spurenlos gestalten. Der folgende Tipp stellt das richtige Vorgehen beim Einchecken, während des Zimmeraufenthalts und beim Auschecken zusammen.

So gestalten Sie Ihren Hotelaufenthalt spurenlos

Die folgenden Schritte erläutern den Weg ins Hotel, das Verhalten dortselbst und den Weg hinaus:
So checken Sie ein:
Betreten Sie das Hotel getrennt von Ihrer Affäre.
Gehen Sie allein zur Rezeption, während Ihre Affäre draußen oder in der Lobby wartet.
Checken Sie unter einem falschen Namen, jedoch als real existierende Person aus einer anderen Stadt ein. Suchen Sie sich hierzu aus dem Telefonbuch einer Großstadt eine Person aus, lernen Sie den Namen und die Adresse auswendig und geben Sie diese auf dem Registrationsformular an. Der Grund: Es gibt mittlerweile Computersysteme, die mit der Internet-Auskunft verbunden sind und falsche Straßennamen oder Postleitzahlen etc. aufdecken.

Versuchen Sie auf jeden Fall, den Eindruck von Nervosität zu vermeiden.
Zahlen Sie den Zimmerpreis im Voraus in bar. Geben Sie als Begründung an, dass Sie mitten in der Nacht auschecken müssen.
Gehen Sie aufs Zimmer und informieren Sie Ihre Affäre per Handy über die Zimmernummer, damit diese später nachkommen kann.

Auf dem Zimmer:
Nehmen Sie keine Getränke aus der Minibar (Sie haben das Zimmer schon gezahlt!), sondern bringen Sie diese selbst mit. Selbst der Versuch, das Geld in bar danebenzulegen, ist oft daran gescheitert, dass es von der Putzfrau eingesteckt wurde und das Hotel dann eine Zusatzrechnung an die Person geschickt hat, unter deren Namen Sie eingecheckt haben.
Nehmen Sie keine Aufzeichnungen auf verräterischem Papier (Visitenkarten, Firmenpapier etc.) vor, die Sie anschließend gedankenlos in den Papierkorb werfen könnten.
Schauen Sie sich kein Video an, da die Gebühr hierfür automatisch an der Rezeption aufläuft.
Prüfen Sie vor Verlassen des Zimmers, ob alle persönlichen Gegenstände eingesteckt wurden. Mehr als einmal ist es vorgekommen, dass ein Mann seine Geldbörse liegen gelassen hat, worauf der aufmerksame Hotelservice bei ihm zu Hause anrief und seiner ahnungslosen Frau mitteilte, was im Zimmer gefunden wurde.

Das Auschecken entfällt dank im Voraus bezahlter Zimmerrechnung, aber achten Sie auf jeden Fall darauf, das Hotel einzeln nacheinander zu verlassen.

Die Polizei – statt Freund und Helfer Risikofaktor Nr. 1 für Fremdgeher(innen)

Im Regelfall lieben wir alle unsere Polizei, da sie uns vor bösen Menschen auf unseren Straßen beschützt. Wenn Sie allerdings, liebe Leserin und lieber Leser, gerade auf der Pirsch sind, also auf dem Weg zu einem Schäferstündchen mit Ihrer Affäre, kann der Schuss gehörig nach hinten losgehen – nämlich dann, wenn Sie die Polizei bei irgendeinem Vergehen erwischt.

Dabei denken wir hier natürlich nicht an Mord, Totschlag oder Diebstahl, sondern eher an die üblichen Verkehrssünden wie Geschwindigkeitsüberschreitungen, Falschparken etc. Problematisch wird es natürlich besonders dann, wenn Sie sich an einem Ort aufgehalten haben, an dem Sie ihr Ehepartner niemals vermuten würde, da Sie im Falle einer Übertretung mit absoluter Sicherheit Post von der Ordnungsbehörde bekommen – und zwar an Ihre Privatadresse. Wie wollen Sie den Strafzettel aus Stuttgart erklären, wenn Sie behauptet haben, Sie müssten zu einem Seminar nach Hamburg? Selbst wenn Ihr Ehepartner Ihnen den Seitensprung selbst nicht nachweisen kann, sind Sie der Lüge überführt, und das Vertrauen zu Ihnen ist schwer erschüttert. Ihre Beziehung leidet, und Sie müssen mit permanentem Misstrauen oder sogar mit Überwachung bei der nächsten Reise rechnen, und genau das können Sie ja gerade überhaupt nicht gebrauchen!

Eine – wenn auch aufwendige – Rettung ist möglich, wenn Ihnen zumindest bekannt ist, dass Sie einen Verstoß begangen haben. Dies ist in der Regel beim Falschparken der Fall, da Sie ein Knöllchen hinter den Scheibenwischer gesteckt bekommen. Allerdings gibt es immer wieder Witzbolde, die die blauen Zettelchen entfernen, weil sie glauben, dass der Fahrer eine höhere Strafe bekommt, wenn er nicht sofort zahlt – und das kann er natürlich nicht tun, wenn er gar nicht weiß, dass er aufgeschrieben wurde. Dass diese Annahme falsch ist, wissen diese Leute nicht, und genauso wenig ahnen sie, dass sie Ihnen mit diesem an sich harmlosen Verhalten eine gefährliche Falle stellen.

Bei Geschwindigkeitsüberschreitungen bemerken Sie den Verstoß nur dann, wenn Sie entweder das Blitzlicht sehen oder aber bei einer Überprüfung mit so genannter Sofortkasse von der Polizei rausgewinkt werden. In allen anderen Fällen kommt auch hier die Überraschung per Post.

Wenn Sie nun wissen, dass Ihr Regelverstoß registriert wurde, rettet Sie folgender Tipp vor der Entdeckung:

Leiten Sie Ihre Post an ein Postfach um

Die einzige Möglichkeit, die Entdeckung Ihrer Post durch Ihren Ehepartner zu verhindern, ist die Einrichtung eines Postfachs. Die oft für einfacher gehaltene Möglichkeit eines Nachsendeantrags z.B. in Ihre Firma weist den eklatanten Nachteil auf, dass die Post das Adressfeld aller Sendungen mit der neuen Zieladresse überklebt, sodass Sie Ihrem Ehepartner keine Post mehr zeigen können, die an Sie gerichtet ist. Ebenfalls ungünstig ist eine Postlagerung, da Sie die Post erst zu einem definierten einmaligen Termin abholen können und Ihr Ehepartner den regelmäßigen Posteingang an Sie vermissen wird.

Das folgende Verfahren ist das Einzige, das Sie vor Entdeckung rettet:

Legen Sie bei einer Postfiliale für € 10,- in der Nähe Ihrer Arbeitsstätte ein Postfach an und legen Sie mit dem Antrag fest, dass alle an Ihre Privatadresse gerichtete Post in dieses Postfach gelegt werden soll.
Deponieren Sie den Postfachschlüssel in Ihrer Firma – in einem abschließbaren Fach, einem Schrank oder einem Spind.
Holen Sie die Post in der Mittagspause ab und legen Sie den Schlüssel wieder zurück.
Sortieren Sie die Briefe vom Ordnungsamt aus. Gehen Sie zu einer Bank und zahlen Sie das Verwarnungsgeld mit einer Bareinzahlung (auf keinen Fall dürfen Sie eine Überweisung von Ihrem Privatkonto vornehmen!).
Werfen Sie das Schreiben des Ordnungsamtes anschließend in einen Müllcontainer.
Werfen Sie die restliche Post bei sich zu Hause in den Briefkasten, bevor Sie Ihre Wohnung bzw. Ihr Haus betreten.
Wenn Ihr Ehepartner schon zu Hause ist, wird er den Briefkasten bereits geleert haben und die Post am nächsten Tag mit den üblichen Wurfsendungen herausnehmen.
Ist Ihr Ehepartner noch nicht zu Hause, können Sie den Briefkasten gleich wieder leeren – natürlich inklusive der gerade von Ihnen selbst hineingeworfenen Briefe.

Dieses Verfahren hilft wie gesagt nur dann, wenn Sie überhaupt mitbekommen, dass Sie einen Verkehrsverstoß begangen haben. Wir können Ihnen – unabhängig davon, ob Sie sonst zu Deutschlands schnellsten Rasern gehören oder bevorzugt falsch parken – deshalb nur raten, zumindest auf dem Weg zu Ihrer Affäre und zurück alle Verkehrsregeln penibel einzuhalten. Der folgende Tipp sagt Ihnen, was absolut tabu ist, da die Konsequenzen vermutlich nicht vor Ihrem Ehepartner zu verbergen sind:

Absolute Tabus für Verkehrsdelikte auf dem Weg zu Ihrer Affäre und zurück

Die folgenden Verkehrsverstöße können zum Abschleppen des PKWs oder zum Führerscheinentzug führen:
Abschleppen ohne weitere Vorwarnung droht bei:
Parken auf Behindertenparkplätzen
Parken in Feuerwehrzufahrten
Parken in absolutem Halteverbot (z.B. auf Standplätzen für Notarztfahrzeuge vor einer Klinik)

Sofortiger Führerscheinentzug droht bei:
Fahren in alkoholisiertem Zustand
Fahren unter Drogeneinfluss
Fahren unter Medikamenteneinfluss

Falls Ihr Fahrzeug abgeschleppt wurde, müssen Sie dieses vor Ort gegen teures Geld (mehrere hundert Mark) wieder auslösen. Ihr Problem besteht nun darin, dass Sie gezwungen sind, dieses aus einem Geldautomaten an einem Ort zu ziehen, an dem Sie angeblich gar nicht sind. Der Standort des Geldautomaten wird auf Ihrem Kontoauszug erscheinen und Ihre Lüge auffliegen lassen.

Falls Ihnen der Führerschein entzogen wird, dürfen Sie nicht mehr weiterfahren, sondern müssen mit anderen Verkehrsmitteln nach Hause kommen. Auch diese müssen Sie finanzieren und damit Ihren Standort offen legen.

Finanzierung einer Affäre – so bleiben Konto und Kreditkartenabrechnung unverdächtig

Falls Sie zu der großen Mehrheit der Menschen in diesem Land gehören, die in Ihrer Beziehung ein gemeinsames Konto führen, stehen Sie vor der großen Herausforderung, eine Finanzierungsmöglichkeit zu finden, die Ihrem Partner nicht mit dem nächsten Kontoauszug verrät, dass Sie ab sofort zu den Fremdgängern gehören.

Sie müssen daher alles daransetzen, dass die verräterischen Spuren, die Ihre Hausbank normalerweise generiert, wenn Sie Kreditkarte, EC-Karte usw. einsetzen, gar nicht erst gelegt werden. Hierzu gibt es natürlich nur einen Weg: Bargeld.
Davon haben Sie natürlich auch schon vorher gehört, ebenso wie von dem Umstand, dass selbstverständlich auch die Beschaffung von Bargeld in der Regel Spuren auf Ihrem Kontoauszug hinterlässt, egal, ob Sie es am Bankschalter oder am Automaten abheben. Wenn Sie also keine außergewöhnlichen Einnahmequellen wie einen Banküberfall in Betracht ziehen, müssen Sie es etwas intelligenter anstellen, um keinen Verdacht aufkommen zu lassen. Die folgenden vier Abschnitte dieses Kapitels zeigen Ihnen wie.

Affärenfinanzierung durch Gehaltsreduzierung, Fälschen der Gehaltsabrechnung und Schwarzkonto

Die im Folgenden beschriebene Methode gehört sicherlich zum Dreistesten, was dieser Ratgeber zu bieten hat. Das Vorgehen ist dabei folgendes: Dem Partner wird eine Reduktion des Gehaltes vorgegaukelt, die in Wahrheit niemals stattgefunden hat. Die versteckte Differenz wird auf ein dem Partner unbekanntes Schwarzkonto umgeleitet und dient zur Finanzierung der Affäre.

Was zunächst einfach klingt, muss in Wahrheit jedoch bedacht und von langer Hand vorbereitet werden. Zur Belohnung müssen Sie nie mehr Ausreden bezüglich Ihrer Geldabhebungen erfinden und können sogar noch eventuell folgende Gehaltserhöhungen verstecken, die Ihnen dann als kostenlose Zugabe weitere Mittel bereitstellen.

Ziel des ersten Schrittes ist es, Ihren Partner an einen neuen Modus der Versendung der Gehaltsabrechnung zu gewöhnen. Veranlassen Sie dazu mit einem Schreiben an die für die Gehaltsabrechnung zuständige Abteilung, dass diese nicht mehr zu Ihnen nach Hause geschickt wird, sondern an Ihren Postkorb an Ihrem Arbeitsplatz.

Wenn Sie Ihre Gehaltsabrechnung im nächsten Monat in Ihrem Postkorb gefunden haben, nehmen Sie diese mit nach Hause und erzählen Ihrem Partner, die Firma versende die Abrechnung aus Kostengründen ab sofort nicht mehr mit der Post.

Ändern Sie in den ersten drei Monaten nichts an der Gehaltsabrechnung und zweigen Sie kein Geld ab!

Bitte bedenken Sie, dass es eine Veränderung in Ihren Lebensgewohnheiten darstellt, wenn Sie fortan die Gehaltsabrechnung persönlich nach Hause bringen. Geben Sie daher Ihrem Partner Zeit, sich an diese neue Situation zu gewöh-

nen. Nur wenn es gleichzeitig keine weiteren Veränderungen gibt, wird sich seine Überraschung in Grenzen halten.
Haben Sie also etwas Geduld und lassen sie etwa drei Monate verstreichen, bevor Sie den zweiten und entscheidenden Schritt unternehmen und das von Ihnen so dringend benötigte Geld endlich umleiten. Hierzu sind zwei Aktionen erforderlich: Zunächst eröffnen Sie ein weiteres Bankkonto, das Ihr Partner nicht kennt.

So legen Sie ein unverdächtiges Schwarzkonto an

Um die Aufdeckung Ihres Schwarzkontos zu vermeiden, beachten Sie bitte unbedingt folgende zwei Tipps:
– Legen Sie das Konto bei einer Bank an, zu der Sie bisher keine Kontakte haben, zu der Ihre Firma jedoch intensive Geschäftsbeziehungen unterhält.
Sie glauben nicht, wie gesprächig Bankmitarbeiter sind! Wenn Ihr Partner das nächste Mal am Schalter vorstellig wird und bei dieser Gelegenheit gefragt würde: »Sagen Sie mal, warum hat Ihr Mann/Ihre Frau eigentlich ein zweites Konto bei uns eingerichtet?«, könnten Sie gleich Ihren Anwalt anrufen.
– Lehnen Sie EC-, Kredit- und andere Karten ab und sorgen Sie dafür, dass keine Post an Ihre Hausadresse geschickt wird. Heben Sie Geld nur am Bankschalter ab. Wenn Sie eine EC-Karte in Ihrer Brieftasche vergessen, fliegen Sie genauso auf wie durch die freundlichen Werbeangebote, die Ihre Kunden- und Kontonummer als Referenz in Fettschrift enthalten. Um sicherzugehen, lassen Sie sich dies schriftlich bei der Kontoeröffnung bestätigen.

Gleichzeitig geben Sie der für die Gehaltsabrechnung in Ihrer Firma zuständigen Abteilung diese neue Bankverbindung für die Überweisung Ihres Gehaltes an, sodass ab dem nächsten Monat Ihr Gehalt nicht mehr auf das gemeinsame, sondern auf Ihr Schwarzkonto überwiesen wird. Natürlich würde es Ihrem Partner aber sofort auffallen, wenn kein Geldeingang mehr zu verzeichnen wäre, deshalb müssen Sie rechtzeitig dafür Sorge tragen, dass Ihr Nettogehalt, vermindert um den Betrag, mit dem Sie Ihre Affäre finanzieren wollen, auf Ihrem gemeinsamen Konto eingeht.

Überweisen Sie sich selbst das verminderte Gehalt

Um den Gehaltseingang auf Ihrem regulären Konto unverdächtig erscheinen zu lassen, richten Sie bei der Bank, bei welcher Sie das Schwarzkonto betreiben, eine Dauerüberweisung ein, die einen festen Betrag (nämlich Ihr eingehendes Nettogehalt abzüglich des Betrages für die Affärenfinanzierung) sehr zeitnah zum Gehaltseingang auf Ihr reguläres Konto transferiert. Falls Ihr Gehalt bisher z.B. jeweils zum Fünften eines Monats eingegangen ist, richten Sie den Dauerauftrag ebenfalls für den Fünften ein. Das Wichtigste ist der Verwendungszweck auf dem Überweisungsträger: Geben Sie ganz exakt den Text an, den auch Ihre Firma verwendet. Sie können diesen auf dem Kontoauszug bei der Überweisung Ihrer Firma ablesen.

Nachdem Sie sich nunmehr das »verringerte Gehalt« selbst überwiesen haben, kommt der letzte, aber auch wichtigste Schritt bei der ganzen Sache: Sie müssen Ihre Gehaltsabrechnung dem neuen, geringeren Betrag, den Ihr Partner als Eingang auf Ihrem gemeinsamen Konto feststellt, anpassen.

Glaubwürdige Reduzierung des Nettogehaltes

Oft sind die einfachsten auch die wirkungsvollsten Methoden. Scheitern werden Sie mit dem Vorwand zusätzlicher Posten wie Essensgeld oder Ähnlichem, da sie zu leicht von Ihrem Partner überprüft werden können. Erhöhen Sie stattdessen Ihre Beiträge zur Kranken- und Pflegeversicherung und sagen Sie Ihrem Partner, sie hätten zusätzlich eine Privatversicherung als Ergänzung für Krankenhausaufenthalte, Zahnersatz etc. abgeschlossen. Der konkrete Nutzen ist bei Versicherungen völlig intransparent, jedenfalls dann, wenn man nicht haargenau die Versicherungsbestimmungen studiert. Sagen Sie, man hätte Sie mit einem RZ (Risikozuschlag) versichert auf Grund Ihrer haarsträubenden Krankheitsvorgeschichte (Rückenschmerzen o.Ä. reichen vollkommen aus).

Verändern Sie Ihre Gehaltsabrechnung wie folgt:
– Machen Sie eine Schwarz-Weiß-Kopie.
– Schneiden Sie von irgendeiner Stelle der Kopie die Zahlen aus, die Sie für die Verringerung brauchen und kleben Sie diese auf die alten Zahlen.
Beispiel: Sie wollen den Beitrag € 370,- der Krankenversicherung auf € 470,- erhöhen, und Ihr Nettogehalt verringert sich damit von € 2500,- auf € 2400,-
Schneiden Sie hierzu zweimal die Ziffer »4« von irgendeiner Stelle der Kopie aus und kleben Sie die eine über die »3« der

€ 370,-, *und die andere über die »5« im Betrag Ihres Nettogehaltes.*
Machen Sie eine Farbkopie der überklebten Gehaltsabrechnung.

Die kopierte Gehaltsabrechnung legen Sie Ihrem Partner als »Original« vor.

Nur Bares ist Wahres – die passende Story zur Abhebung

Wenn Sie der Meinung sind, das im vorherigen Kapitel beschriebene Vorgehen sei aus welchen Gründen auch immer für Sie nicht geeignet, bleibt Ihnen nichts anderes übrig, als Ihre Affäre über Ihr offizielles Konto zu finanzieren. Dies bedeutet, dass Sie für jede Abhebung im Zweifel eine plausible Erklärung bereithalten müssen, was natürlich umständlicher, aufwendiger und risikobehafteter ist als ein Schwarzkonto, das monatlich ganz automatisch mit neuem Geld gefüttert wird.
Die folgenden Storys sollen Ihnen Ansätze für glaubwürdige Abhebungen liefern. Am wirkungsvollsten ist es dabei, wenn man nicht zu sehr auf eine Story setzt und diese extrem beansprucht, sondern mehrere kombiniert, was viel unauffälliger ist. So wirkt die Behauptung, je einmal wöchentlich schwimmen, squashen und unter ein Solarium zu gehen, glaubhafter als die Geschichte vom plötzlich entflammten Squash-Enthusiasten, der angeblich dreimal in der Woche den Schläger schwingt.

Ansätze für die Rechtfertigung von Barabhebungen

Wenn Ihr Ehepartner ohnehin schon misstrauisch ist, wird er im Kopf überschlägig nachrechnen, ob Ihre Barabhebungen vom gemeinsamen Konto ansatzweise zu Ihren Ausgaben passen. Im Folgenden finden Sie einige exemplarische Geschichten, wie sie, je nach persönlichem Lebensstil, Ihrem Ehepartner als Erklärung präsentiert werden können.

Sonnenstudio: *Behaupten Sie, Sie gingen zweimal wöchentlich unter den Turbobräuner (20 Min. kosten € 12,50 = € 25,-/Woche). Tatsächlich nutzen Sie nur einmal pro Woche einen schwächeren Bräuner für 15 Min. = € 5,-; erschwindeltes Geld: € 20,-*

Squash (Ehepartner fragt nicht, wo Sie squashen): *Behaupten Sie, Sie gingen einmal wöchentlich zur teuersten Zeit squashen (Platzmiete: € 25,-) und tränken hinterher noch zwei Apfelschorlen (€ 5,-). Tatsächlich gehen Sie jedoch joggen, damit Ihre Sportsachen verschwitzt sind. Erschwindeltes Geld: €30,-*

Squash (Ehepartner fragt, wo Sie squashen): *In diesem Fall müssen Sie natürlich wirklich hingehen, weil Ihr Ehepartner überraschend auftauchen könnte. Spielen Sie jedoch zur Nebenzeit und verzichten auf Getränke, die Sie getrunken zu haben behaupten, können Sie immer noch € 10,- einsparen.*

Essen gehen I: *Gehen Sie mit einem Kollegen/einer Kollegin essen und zahlen Sie für beide mit Ihrer Kredit- oder EC-Karte. Lassen Sie sich das Geld von der zweiten Person in bar* *geben mit der Begründung: »Wenn nur einer zahlt, muss man auch nur einmal Trinkgeld geben!« Nehmen Sie die billigsten Speisen und Getränke von der Karte und behaupten Sie gegenüber Ihrem Ehepartner, sehr teuer gegessen und viel getrunken zu haben, um die Höhe der Abrechnung zu rechtfertigen. Erzielte Ersparnis: Differenz zwischen einem sehr teuren und einem sehr günstigen Essen.*

Essen gehen II: *Sie können es natürlich auch umdrehen: Die 2. Person zahlt alles zusammen, und Sie geben ihr Ihren Anteil in bar. Gegenüber Ihrem Ehepartner behaupten Sie, erheblich teurer gegessen und getrunken zu haben als die Summe, die Sie tatsächlich zahlen mussten. Ersparnis: s.o.*

Mittagspause: *Wenn Sie eine Fünf-Tage-Woche haben, entstehen Ihnen theoretisch fünfmal in der Woche Kosten für die Kantine oder ein Restaurant. Wenn Sie ganz verzichten oder nur sehr billig essen, während Sie Ihrem Ehepartner gegenüber angeben, Sie nähmen stets das teuerste Gericht, können Sie pro Woche mindestens € 30,- Schwarzgeld gewinnen.*

Sportveranstaltung: *Behaupten Sie, teure Karten für Sportveranstaltungen zu kaufen (die besten Plätze sind für Sie gerade gut genug!), während Sie in Wirklichkeit für € 2,50 in der Fankurve stehen. Achten Sie darauf, die Eintrittskarte nach dem Verlassen des Stadions wegzuwerfen, damit sie Ihr Ehepartner nicht mitsamt des aufgedruckten Preises in der Jackentasche findet!*

Reduzierte Ausstattung: *Große Warenhäuser, aber auch kleine Geschäfte bieten durchgängig Artikel zu reduzierten Preisen an. Kaufen Sie also herabgesetzte Ware. Gegenüber Ihrem Ehepartner behaupten Sie, die Neuerwerbung zu* *einem höheren Preis in einem anderen Kaufhaus gemacht zu haben. Wenn Sie hinsichtlich einer Überprüfung ganz sichergehen wollen, rufen Sie dort an und erfragen Sie den aktuellen Preis. Tipp: Am besten stürzen Sie sich in großen Kaufhausketten (Karstadt, Kaufhof etc.) auf Parfüms, Rasierwasser und andere Markenprodukte und nennen die Preise der Spezialgeschäfte wie z.B. von Parfümerien.*

Raucher: *Wenn Sie rauchen, behaupten Sie, pro Tag im Büro zwei bis drei Schachteln Zigaretten zu rauchen, während Sie sich in Wirklichkeit zurückhalten.*

Polizei: *Ab und zu können Sie (einen entsprechenden Fahrstil vorausgesetzt) angeben, dass Sie von der Polizei geblitzt worden seien und zu allem Überfluss auch noch sofort hätten bezahlen müssen. Um einer Überprüfung durch den Ehepartner standzuhalten, rufen Sie bei lokalen Radiostationen an, die einen Blitzservice anbieten. Fragen Sie, wo Radarfallen stehen und notieren Sie sich die Uhrzeit.*

Lotto, Sportwetten: *Behaupten Sie, einen Lottoschein ausgefüllt oder eine Sportwette abgeschlossen zu haben. Dass Sie nie gewinnen, ist schließlich bei Gewinnchancen von eins zu etlichen Millionen keine große Überraschung, die Ihrem Ehepartner Anlass zu Misstrauen geben könnte.*

Pfandflaschen: *Wenn Sie Getränkekisten und -flaschen zurückbringen, lassen Sie sich das Pfand in bar auszahlen. Zahlen Sie erst dann die neuen Getränke mit der EC-Karte. Damit vermeiden Sie eine Verrechnung und haben jedes Mal das Pfand in bar zur Verfügung.*

Diese Ausreden setzen Sie am besten wie schon oben erwähnt in lockerer Reihenfolge und beliebig kombiniert ein. Es gibt noch zwei absolute Top-Ausreden, die Ihnen, wenn Sie sie glaubwürdig anzubringen in der Lage sind, auf einen Schlag mehrere hundert Euro einbringen können:

Die zwei Top-Ausreden für hohen Geldverlust

Wenn Sie zu der Gruppe Menschen gehören, die eine der folgenden beiden Ausreden nutzen können, kann man Ihnen nur gratulieren, da Sie auf einen Schlag mehrere hundert Euro für die Finanzierung Ihrer Affäre freimachen können:

Dienstreise: Folgende Posten sind von Ihnen beliebig zu kombinieren:
Minibar des Hotels: dank Mondpreisen pro Tag mindestens € 15,-
Essen im Hotel: Abendessen inkl. Getränke pro Abend mindestens € 25,-
Unternehmung mit Kollegen: Theater, Oper, Disko, Sportveranstaltung: pro Abend mindestens € 50,- inkl. Dinner
Andere Kosten wie Weinproben, Parkgebühren etc.: mindestens € 15,- pro Tag
Wenn Sie in Wirklichkeit die Minibar schonen und abends statt wegzugehen brav in Ihrem Hotelbett schlummern (fernsehen ist immerhin kostenlos!), können Sie bei einer dreitägigen Reise ohne Probleme € 150,- geltend machen, während Ihnen im Extremfall überhaupt keine Kosten entstehen. Damit können Sie dann schon vier bis fünf Hoteltreffen finanzieren, und zwar ohne Mitwirkung Ihres Seitensprungpartners!

Casino: Es gibt glückliche Städte wie zum Beispiel Mainz, Hannover oder Bad Homburg, in denen es eine Spielbank gibt. Hier könnten Sie theoretisch beliebige Summen verspielen, die von Ihrem Ehepartner nicht zu überprüfen wären. Sie sollten sich jedoch erstens wirklich dort blicken lassen (wegen der Registrierung, die Ihre Behauptung überprüfbar macht) und zweitens dieses Spiel nicht zu weit treiben, da Ihr Partner vermutlich auch von dieser angeblichen neuen Leidenschaft nicht begeistert sein wird, wenn Sie das gemeinsame Geld am Roulettetisch verjubeln.

Geld für die Anreise beschaffen – so erschwindeln Sie sich »kostenloses« Benzin für Ihren Ausflug

Wo um alles in der Welt, werden Sie fragen, soll man kostenloses Benzin für den Ausflug zur Geliebten herbekommen, wenn man nicht gerade den Tankstellenpächter bestehlen will? Wir können es Ihnen nicht verdenken, wenn Sie vielleicht an dieser Stelle einmal mehr am Realitätssinn des Autorengespanns zweifeln.
Schließlich steht ja fest, dass man, solange man nicht zu den glücklichen Firmenwagenbesitzern mit der Tankkarte einer Leasinggesellschaft gehört, mit Kreditkarte oder in bar für den Sprit bezahlen muss und damit erneut dem Partner gegenüber unter Rechtfertigungsdruck gerät.
Es gibt jedoch noch eine andere, erprobte Methode, mit der Sie sich den unterschiedlichen Benzinverbrauch bei unterschiedlichen Fahrstilen zu Nutze machen können, um zusätzliche Freikilometer zu erschwindeln. An einem Beispiel, einem BMW 530i, möchten wir Ihnen das vorrechnen:

Der BMW 530i besitzt ein Tankvolumen vom 70 Litern. Bei absolut aggressiver Fahrweise ist es kein Problem, den Wagen auf einen Durchschnittsverbrauch von 17 Litern Super auf 100 Kilometer zu bringen. Das bedeutet, dass man mit einer Tankfüllung auf eine Reichweite von ca. 410 Kilometern kommt. Auf der anderen Seite kann man bei konstantem Tempo 130 auch mit 10 Litern Super Plus auskommen und eine Reichweite von ca. 700 Kilometern erzielen. Der Trick besteht nun darin, diese rechnerisch größtmögliche Differenz von 290 Kilometern für den Trip zur Geliebten auszunutzen. Die Herausforderung besteht darin, das vor dem Partner zu verstecken.

Trivial ist die Sache für Barzahler, solange sie keine Benzinquittungen aufheben und z.B. bei ihrer Firma einreichen müssen. In diesem Fall kann jederzeit risikolos mit dem Argument getankt werden, der Wagen habe durch aggressiven Fahrstil einen hohen Benzinverbrauch gehabt.

Wenn die Quittungen jedoch zwecks Kostenerstattung oder aus steuerlichen Gründen gesammelt und eingereicht werden müssen, sitzen Bar- und Kreditkartenzahler in derselben Falle: Sie können nicht auf dem konspirativen Weg zur Affäre tanken, da die Lage der Tankstelle auf dem Kartenauszug und dem Tankbeleg erscheint und beim Partner Fragen über Fragen aufwirft. Hier haben wir eine Lösung für dieses etwas knifflige Problem:

Erschwindeln Sie sich Benzin für Ihre Affäre!

Der Trick besteht darin, dem Partner vorzugaukeln, der Tank Ihres PKW wäre leer und müsse voll getankt werden, während er in Wirklichkeit noch gut gefüllt ist. Den überschüssi-

gen Sprit tanken Sie in Reservekanister und können Ihn dann auf der Hin- und Rückfahrt zu Ihrer Affäre einfüllen. Folgendes Beispiel zeigt die Anwendung bei einem BMW 530i:

Tanken Sie den Wagen vor der Fahrt zu Ihrer Affäre voll. Nehmen Sie statt des gewohnten Super-Kraftstoffes besser Super Plus, da dieses den Verbrauch senkt. Ihrem Partner erzählen Sie das Märchen von der höheren Motorleistung bei Verwendung dieser Sorte. Stellen Sie den Tageskilometerzähler auf Null zurück.

Fahren Sie von nun an einen sanften Fahrstil, um eine maximale Benzineinsparung zu erzielen.

Wenn Sie mindestens die minimal mögliche Reichweite (410 km) gefahren sind und Ihre Affäre aufsuchen wollen, tanken Sie den Wagen voll. Es soll angenommen werden, dass Sie tatsächlich einen Durchschnittsverbrauch von nur 12 Litern auf 100 km erzielt haben, d.h. für z.B. 450 km 54 Liter Benzin verbraucht haben. Tanken Sie den Wagen restlos voll und die Differenz zur maximalen Tankfüllung von 16 Litern in Reservekanister, die Sie an der Tankstelle kaufen können. (Lassen Sie die Kanister auf einer separaten Rechnung buchen und werfen Sie diese in den Papierkorb. Sie können sie auch mit der Karte zusammen mit dem Benzin bezahlen und Ihrem Partner die Differenz mit Getränken, Eis, Zeitschriften, Autowäsche oder kaputten Glühbirnen erklären.) Entscheidend ist, dass Sie einen Benzinbeleg mit 70 Litern vorweisen können.

Dann fahren Sie zu Ihrer Affäre und vergnügen sich hoffentlich zu Ihrer vollsten Zufriedenheit. Wenn aus dem Tank hinreichend Benzin verbraucht wurde, schütten Sie die Füllung der Reservekanister hinein. Achten Sie darauf, dass die Benzinmenge im Tank einigermaßen zum Stand des Tageskilometerzählers passt. Wenn Sie Ihr Seitensprung z.B. nur 100 km gekostet hat, kippen Sie am besten nur 10–12 Liter Benzin nach.

Sie können Ihrem Partner gegenüber weitere Kilometer schinden, indem Sie den Tageskilometerzähler erst einige weitere gefahrene Kilometer nach dem Tanken auf Null zurücksetzen und dies mit einem extrem hohen Benzinverbrauch begründen.
Entsorgen Sie die Reservekanister vor der Rückkehr zu Ihrem Partner fachgerecht z.B. an einer Tankstelle.

Vertuschung des Kaufs einer Handy-Prepaid-Karte an der Tankstelle

Wenn Sie sich wie empfohlen ein Handy mit einer Prepaid-Karte gekauft haben, besteht natürlich je nach Umfang der Gespräche mit Ihrer Affäre das regelmäßige Problem der Finanzierung einer neuen Karte. Diese gibt es z.B. mit einem Gesprächsguthaben von € 25,- an Tankstellen zu kaufen. Wenn Sie den Kauf dieser Karte also vertuschen möchten, gehen Sie ganz einfach wie folgt vor:

So vertuschen Sie den Kauf einer Handy-Prepaid-Karte

Die Idee besteht darin, bei der Tankstelle eine »normale« Zahlung vorzunehmen, davon jedoch nicht nur Benzin, sondern auch eine neue Handy-Prepaid-Karte zu finanzieren. Gehen Sie hierzu wie folgt vor:
Berechnen Sie den zu zahlenden Betrag für eine volle Tankfüllung auf Basis des Benzinpreises der Sorte, die Sie tanken: Ihr Tank fasst 70 Liter, der Liter Super Plus kostet € 1,-; 70 x € 1,- = € 70,-.

Ziehen Sie von diesem Betrag die Kosten für die Prepaid-Karte ab, sodass sich daraus der Betrag ergibt, für den Sie tatsächlich tanken können. In unserem Beispiel also € 70,- – € 25,- = € 45,-.

Teilen Sie diesen Betrag durch den Literpreis für die Benzinsorte, die Sie tanken, in unserem Beispiel: € 45,- / € 1,- = 45 Liter. Jetzt wissen Sie, wie viele Liter Sie tanken können.

Fahren Sie den Tank Ihres PKW so weit leer, bis Sie die berechnete Literzahl nachtanken können. In unserem Beispiel müsste also die Restanzeige bei ca. 25 Litern liegen (25 + 45 = 70 Liter Tankvolumen). Im Zweifel muss die noch enthaltene Benzinmenge etwas größer sein, jedoch niemals geringer, da Sie dann mit den 45 nachgetankten Litern den Tank nicht voll bekommen! Ihr Ehepartner würde sich wundern, warum die Tankanzeige nicht ganz auf voll steht, obwohl Sie gerade tanken waren!

Tanken Sie den Wagen voll, kaufen Sie zusätzlich die Prepaid-Karte und lassen Sie alles zusammen auf Ihre Kredit- oder EC-Karte abrechnen.

Für Ihren Ehepartner sieht es so aus, als ob Sie den Wagen komplett voll getankt haben (die Summe auf der Kredit- oder EC-Kartenabrechnung sowie der volle Tank beweisen dies!).

Die richtige Alibibeschaffung – Wie Ihre Ausrede garantiert dem Verhör durch den Partner standhält

Viele Fremdgänger halten ganz offensichtlich ihre Ehepartner für geistig äußerst minderbemittelt. Denn sosehr viele von ihnen sich auch aufrichtig bemühen, ihre Affäre nicht auffliegen zu lassen – die wenigsten denken in der Regel auch über ein vernünftiges Alibi nach. Wir haben schon oft von derart abstrusen Ausreden gehört, deren Wahrheitsgehalt zudem noch sehr leicht zu überprüfen war, dass wir nur noch ungläubig den Kopf schütteln konnten. Scheinbar gibt es Menschen, die fest davon überzeugt sind, dass ihr Ehepartner ihnen sogar noch eine Entführung durch Marsmännchen abkaufen würde, denn anders sind folgende Beispiele wohl kaum zu erklären:

Da gab es z.B. den Ehemann, der seine Frau jede Woche über das Handy anrief und von einem schrecklichen Stau auf der Autobahn berichtete, während im Hintergrund der Fernseher lief. Aber damit nicht genug: Selbst als die Autobahn für eine Fahrbahnerneuerung gesperrt wurde und so auch seine Frau zur Nutzung einer Umleitung gezwungen war, behauptete er weiterhin, im Stau zu stehen – als sei er gerade vom Manager zum Fahrer der Asphaltiermaschine befördert worden.

Wir hörten auch von dem Fall einer Frau, die ihrem Mann von wöchentlichen Treffen in einem Börsenclub erzählte, von dessen Existenz sie in einem – von ihrem Mann abonnierten – Nachrichtenmagazin erfahren hatte. Selbst als dieses wenig später von der Auflösung des Clubs berichtete, ging die Frau angeblich weiter regelmäßig zu den Treffen – schade nur, dass nicht sie, sondern ihr Mann von der Auflösung gelesen hatte.

Oder nehmen Sie als haarsträubendstes und letztes Beispiel

den Elektriker, der nach eigener Aussage bis spät abends bei seinen Kunden Strippen zog, während die Kündigung seiner Firma wegen Konkurses längst per Post bei seiner im Mutterschaftsurlaub befindlichen Frau eingegangen war.

Wenn Sie, liebe Leserin und lieber Leser, über das Sprichwort »Lügen haben kurze Beine« bislang noch nicht ernsthaft nachgedacht haben, dann ist jetzt der richtige Zeitpunkt dafür gekommen. Alle Ausreden, die überprüfbar sind und von Ihrem Ehepartner wiederlegt werden können, führen zu Misstrauen und Kontrolle. Und Kontrolle bedeutet, dass Sie früher oder später auffliegen werden. Welche Alibis und nicht zuletzt welche Alibigeber für Ihre Seitensprung-Aktivitäten wirklich taugen, lesen Sie in den folgenden drei Abschnitten.

Wer aus welchem Grund nicht oder ganz besonders gut als Alibigeber taugt – von der Sekretärin bis zur besten Freundin oder dem besten Freund

Wie gut eine Sekretärin als Alibigeberin geeignet ist, hängt davon ab, wie sehr sie von Ihnen in Ihre konspirativen Tätigkeiten eingebunden wird. Als verheerend stellt sich natürlich ein Ihrem Ehepartner untergejubeltes »Geschäftsreise-Szenario« dar, wenn dieser im Büro anruft, nach Ihnen fragt und von Ihrer Perle die Antwort erhält: »Geschäftlich in Frankfurt? Wieso, der hat doch Urlaub genommen.«

Auf der anderen Seite kann die Sekretärin zur besten Alibi-Geberin werden, wenn Sie von Ihnen aktiv in Ihre Zeitplanung eingebunden wird. Der folgende Tipp beschreibt, wie dies funktioniert:

So wird die Sekretärin ungewollt zu Ihrer Komplizin

Im Folgenden stellen wir einige Szenarien dar, in denen deutlich wird, wie Sie Zeit für Ihre Affäre gewinnen und die Sekretärin unverhofft zu Ihrer Komplizin machen können:

Fremdgehen während der »Überstunden«: Sie möchten abends nach der Arbeit fremdgehen; wie aber kann die Sekretärin, die doch lange vor Ihnen gegangen ist, dies bezeugen? Ganz einfach: Legen Sie ihr einen Zettel mit folgender Aufschrift auf ihren Schreibtisch: »Komme morgen etwas später, sagen Sie dem Chef Bescheid, habe lange gearbeitet. Müller, 22.30 Uhr«. Wenn sie irgendwann mal mit Ihrem Ehepartner konfrontiert wird, wird sie Ihre lange Arbeitszeit bestätigen – wenn auch nur wegen eines Zettels, aber das ist Psychologie ...

Fremdgehen während einer »Firmenveranstaltung«: Fragen Sie die Sekretärin einige Tage vor dem »Event« beiläufig: »Sind Sie auch zu der Kundenfeier am 22. eingeladen? Nicht? Das ist aber schade!« Auf Nachfragen wird sie sich an die angebliche Feier erinnern, obwohl diese niemals stattgefunden hat.

Fremdgehen während einer »Besprechung«: Lassen Sie den Termin und den Zeitraum, jedoch nicht den Ort (»Wir wissen noch nicht, wo wir tagen, nur der Termin steht schon fest«), von der Sekretärin in einen Terminplan eintragen, da Sie in dieser Zeit für andere unerreichbar sind. Ruft Ihr Ehepartner während dieser Zeit an, wird sie mit »Ihr Mann/Ihre Frau ist bis XX Uhr in einer Besprechung, soll ich was ausrichten?« antworten.

Fremdgehen während eines »Kundentermins«: Lassen Sie auch diesen Termin (s.o.) in einen Terminkalender eintragen, damit die Sekretärin bestätigen kann, dass Sie außer Haus sind.

Fremdgehen auf einer »Geschäftsreise«: Kündigen Sie eine längere Abwesenheit (Seminar, Messe etc.) vorher an und teilen Sie den Urlaub ausschließlich Ihrem Chef mit. Da Sie damit rechnen müssen, dass dieser mit der Sekretärin plaudert, sagen Sie ihr: »Ich habe zwar Urlaub genommen, aber ich bin auf einer Fortbildungsveranstaltung, also auf einer Geschäftsreise.« Für Nachfragen Ihres Ehepartners werden die Worte »Fortbildungsveranstaltung« und »Geschäftsreise« im Gedächtnis haften bleiben, dass Sie hierfür Urlaub eingereicht haben, geht nach unserer Erfahrung unter. Aber selbst wenn dieses erwähnt würde, wäre es kein Beinbruch: Wenn Sie Ihr Ehepartner damit konfrontiert, sagen Sie, dass diese Art von Fortbildung nicht durch die Firma gezahlt wird. Dies betrifft bei vielen Unternehmen z.B. Seminare zur Persönlichkeitsentwicklung oder Messebesuche.

Neben der Sekretärin taugt grundsätzlich nur noch eine Person als Alibigeber: der beste Freund oder die beste Freundin, die – wenn sie diese Bezeichnung wirklich verdient haben – Ihrem Ehepartner sicherlich alles bestätigen, was Sie wollen. Es gibt jedoch auch für diese Personen klar definierte Ausschlusskriterien:

Aus folgenden Gründen taugt Ihr bester Freund oder Ihre beste Freundin nicht als Alibigeber

Vertrauen ist gut, Kontrolle ist besser. Denken Sie daher an folgende Szenarien, auch wenn sie vielleicht aus heutiger Sicht absurd erscheinen. Aber wer weiß schon, was morgen ist?

Szenario 1: Ihr bester Freund/Ihre beste Freundin hat eine freundschaftliche Beziehung zu Ihrem Ehepartner. Die Konsequenz ist in vielen Fällen ein schlechtes Gewissen, dass über den Gesichtsausdruck nach außen getragen wird. Irgendwann hält die Person den inneren Zwiespalt nicht mehr aus und gesteht Ihrem Ehepartner alles – insbesondere, wenn diesem eine Veränderung schon selbst aufgefallen ist.

Szenario 2: Ihr bester Freund/Ihre beste Freundin ist verheiratet und betrügt seinen Ehepartner NICHT. Auch in diesem Fall taugt er nicht als Alibigeber, da ihn keine wechselseitige Abhängigkeit zur Loyalität zwingt. Nur wenn er oder sie selbst fremdgeht, können Sie davon ausgehen, dass ihm/ihr das Risiko zu groß ist, selbst in die Pfanne gehauen zu werden, wenn irgend etwas ausgeplaudert wird.

Szenario 3: Keine Freundschaft ist für die Ewigkeit gebaut, jedenfalls sollten Sie davon in ihren strategischen Überlegungen ausgehen. Was passiert, wenn Ihre Freundschaft, aus welchem Grund auch immer, auseinander geht? Wie groß ist dann noch die Loyalität?
Glauben Sie bloß nicht, dass so etwas nicht vorkommt! In einem uns zu Ohren gekommenen Fall planten der Seiten-

springer und sein bester Freund die Gründung einer gemeinsamen Software-Firma. Im Verlauf der Gewerbeanmeldung kam es zu einem erbitterten Streit über Besitzverhältnisse und Patentrechte. Der ehemalige beste Freund fühlte sich infolge einer Gerichtsverhandlung um die Rechte an einer Erfindung betrogen und kündigte dem Seitenspringer die Freundschaft auf. Wenig später erfuhr dessen Ehefrau, dass dieser sie seit Jahren betrogen hatte.

Zusammengefasst lässt sich daher festhalten, dass Sie Ihren besten Freund oder Ihre beste Freundin nur dann als Alibigeber heranziehen sollten, wenn diese selbst verheiratet sind und ihren Ehepartner betrügen. Sie sitzen damit in einem Boot und haben ein schwergewichtiges Faustpfand in der Hinterhand, wenn er oder sie plaudern sollte.

Zusätzlich sollten Sie sich möglichst noch nach der Existenz eines Ehevertrages erkundigen, denn dieser kann den Leidensdruck enorm lindern, wenn es zur Scheidung kommen sollte, und damit das Gleichgewicht der Abschreckung zu Ihren Ungunsten verschieben. Während nämlich Ihr Leben durch eine Scheidung wirtschaftlich und seelisch runiniert sein könnte, vollzieht sich die Trennung Ihres kinderlosen und durch einen Ehevertrag abgesicherten Freundes vielleicht einigermaßen reibungs- und risikolos. Sind auch bei ihm oder ihr Kinder im Spiel, können Sie aber davon ausgehen, dass unabhängig von der wirtschaftlichen Situation eine Scheidung nicht mutwillig riskiert wird. Faustregel: Je mehr Kinder da sind, je besser das Verhältnis des Fremdgehers zu den Kindern ist und je höher seine im Falle der Scheidung zu erwartenden wirtschaftlichen Einbußen ausfallen, desto schwerer wiegt Ihr Wissen über den Ehebetrug, und desto eher können Sie ihn oder sie als Alibigeber für Ihr Treiben heranziehen. Aber: Völlig sicher ist auf diesem Gebiet kein bester Freund und keine beste Freundin, und in die Köpfe dieser Menschen können Sie auch dann nicht hineinsehen, wenn Sie sie schon 20 Jahre kennen!

Als risikolose aber leider nicht kostenlose Alternative bieten sich so genannte Alibiagenturen an, die auch im Internet vertreten sind. Wir möchten Ihnen an dieser Stelle das Leistungsspektrum von drei dieser Agenturen vorstellen.

Alibis mit a-westworld.de

Diese in Berlin ansässige Agentur gefällt durch phantasievolle Ideen, die Ihnen sogar mehrtägige Alibis verschaffen, zum Beispiel:
– Verschicken einer Einladung zu einem plötzlichen Klassentreffen in einer Stadt Ihrer Wahl, z.B. mit zwei Übernachtungen.
– Gewinn eines Kurztrips für eine Person (ebenfalls in einer Stadt Ihrer Wahl). Die passende Gewinnbenachrichtigung wird professionell erstellt und Ihnen zugeschickt.

Sie können natürlich noch zwischen weiteren Veranstaltungen oder Anlässen wählen. Die Briefe oder Gewinnbenachrichtigungen werden mit dem Poststempel der von Ihnen ausgewählten Stadt versehen sein. Für ein solches Alibi werden Ihnen € 40,- berechnet.
Falls Sie sich mal am Abend oder am Wochenende mit Ihrer Affäre treffen möchten, können Sie hierfür einen Alibi-Anruf bei Ihrem Ehepartner buchen. Dieser Anruf kann wahlweise von einer Frauen- oder Männerstimme akzentfrei getätigt

werden, und es wird keine Rufnummer angezeigt, sodass Ihr Ehepartner keinen Rückruf tätigen kann. Dabei wird Ihrem Ehepartner z.B. mitgeteilt, dass Sie dringend in der Arbeit gebraucht werden oder ein alter Bekannter in der Stadt ist, der sich mit Ihnen treffen möchte. Für diesen Auftrag werden Ihnen € 20,- berechnet.

In Kontakt mit der Alibiagentur kommen Sie wie folgt:

Telefon: 030/35132-633
Fax: 030/35132-631
Handy: 0174/9437660 oder 0172/3123980
E-Mail: excuse@a-westworld.de
Postanschrift: Agentur Westworld, Abteilung Excuse, Postfach 200160, 13511 Berlin

Alibis mit agentur-bluemoon.de

Diese Agentur bietet als Spezialität einen Telefonservice. Die Idee besteht darin, Ihrem Ehepartner eine Nummer geben zu können, unter der Sie bei einem »Seminar« o.Ä. erreichbar sind. Die Agentur schickt Ihnen eine vorgetäuschte Einladung zu einem vorher mit Ihnen besprochenen Anlass. Am Tag des Geschehens werden dann Telefonleitungen geschaltet, um eventuelle Kontrollanrufe entgegennehmen zu können und an Sie weiterzuleiten oder Sie zu informieren. Die Kosten hierfür betragen pro Telefonschaltung mit Anrufbeantworter für einen Tag € 25,-, für eine Telefonschaltung für 8 Std. mit Sekretariatsfunktion, wahlweise männlich oder weiblich besetzt, € 70,-. Zusätzlich entstehen noch Kosten für das Versenden der Einladung pro Brief oder Fax in Höhe von € 18,-.

Sie können sich auch in einem Restaurant oder an einem anderen Ort anrufen lassen, an dem Sie sich gerade aufhalten, um einen Vorwand für schnelles Verschwinden zu haben.

So treten Sie mit dieser Agentur in Kontakt:
Telefon: 07502/913 904
Fax: 040/360 383 42 35
Handy: 0160/73 499 09 oder 0160/14 664 40
E-Mail: sschwerter@aol.com
Postanschrift:
Agentur Blue Moon
Sven Schwerter
Schussenstraße 30
88273 Staig – Fronreute

Alibis mit alibi-dienst.de

Ähnliche Leistungen wie die vorherige Agentur bietet auch der alibi-dienst.de an.
Am Tag des Geschehens werden für Sie Telefonleitungen geschaltet, um eventuelle Kontrollanrufe entgegennehmen und an Sie weiterleiten zu können. Die Kosten für eine Telefonschaltung mit Anrufbeantworter betragen für einen Tag € 33,-, eine Telefonschaltung für 8 Std. mit Sekretariatsfunktion, wahlweise männlich oder weiblich besetzt, kostet € 88,-. Es werden auch Einladungen für vorgegebene Termine etc. versendet, wobei pro Brief oder Fax € 18,- berechnet werden. Die Agentur gibt sich sehr viel Mühe, detaillierte Hintergrundinformationen zum vorgeblichen Geschehen zu erfragen. Was weiterhin gefällt, ist, dass Sie über eine Notfall-Kontakt-Rufnummer, unter der Sie am Ereignistag jederzeit erreichbar sind, sehr zeitnah über Kontrollanrufe informiert werden, sodass Sie Ihren Ehepartner zurückrufen können.

Eine umfassende persönliche Beratung erhalten Sie unter der Telefonnummer 0211/5470870.

Die drei vorgestellten Alibi-Agenturen zeichnen sich durch absolut diskretes Vorgehen sowie eine phantasievolle Beratung aus. Das folgende Angebot jedoch übertrifft zwar preislich, aber auch in puncto Leistung alles uns in dieser Richtung Bekannte. Ob Sie es glauben oder nicht, es gibt einen Anbieter, der Ihnen einen längeren Liebesurlaub mit Ihrer Affäre organisiert und diesen professionell durch ein Alibi abdeckt. Die Idee besteht darin, zu behaupten, dass Sie auf einem längeren Seminar verweilen, was so weit noch keine Innovation darstellt. Neu ist allerdings, dass Sie von einer eingetragenen GmbH nicht nur eine Einladung, sondern auch eine Teilnahmebestätigung an diesem Seminar mit nach Hause bringen, und dass in den hohen Teilnahmegebühren, die Sie ja inzwischen problemlos zu überweisen gelernt haben, auch eine Ferienwohnung enthalten ist, in der Sie sich nach Lust und Laune mit Ihrer Affäre vergnügen können.

Urlaub mit der Affäre durch alibi-urlaub.de

Urlaub mit dem oder der Geliebten unter dem perfekten Deckmantel eines Seminars – eine geniale Idee, die von diesem Anbieter auch vollkommen überzeugend umgesetzt wurde.
Sie und Ihre Begleitung werden in einer Ferienwohnung mit Schlafzimmer, einem Wohnzimmer mit Sat-TV, Videorecorder und eigenem Telefonanschluss, Bad mit Dusche sowie einer Miniküche untergebracht. Bettwäsche, Geschirr etc. sind im Preis enthalten.
Sonstige Leistungen sind:
Telefonservice für geschäftliche und private »Kontrollanrufe«

Stellung eines neutralen Handys für wichtige Benachrichtigungen;
Alibinachweis rund um die Uhr;
neutrale Rechnungserstellung für »Seminarkosten« mit Steuerausweisung.
Die Kosten für diese Leistungen betragen (für zwei Personen):
Einzeltage: Montag bis Freitag – € 70,- pro Tag
Wochenende: Freitag bis Sonntag – € 200,-
Eine Woche: Montag bis Sonntag – € 450,-
(alle Preise zzgl. der gesetzl. Mwst.)

Mit der EHPV GmbH treten Sie über diese Adresse in Kontakt:

EHPV GmbH
Grenzstr. 3
01773 Altenburg

Telefon: 035057/54772
Fax: 035057/54771
E-Mail: postmaster@alibi-urlaub.de

Alibibeschaffung während der Arbeitszeit – Termine, die kaum nachzuvollziehen sind

Wenn Sie nicht das Glück haben, beruflich im Außendienst zu arbeiten oder als Führungskraft Ihren Tagesablauf einschließlich der Außentermine selbständig definieren zu können, ist es für Sie schwierig, Kollegen und Chef die regelmäßige Abwesenheit zu erklären.

Sicherlich gibt es viele Gründe, die eine Abwesenheit vom Arbeitsplatz rechtfertigen, wie z.B. Zahnarztbesuche, Termine in der Autowerkstatt oder beim Friseur. Das Problem besteht jedoch darin, dass Sie diese Ausreden viel zu sparsam einsetzen müssen, um dadurch mit Ihrer Affäre glücklich werden zu können: Den Friseur können Sie vielleicht einmal monatlich anbringen, den Zahnarzt einmal im halben Jahr und die Autowerkstatt alle 15 000 Kilometer. Wir haben daher viele Ausreden überprüft, aber nur eine gefunden, die immer und dauerhaft funktioniert hat: Die Behandlung Ihrer leidigen Rückenschmerzen, die von keinem Arzt nachzuweisen sind, aber zahlreiche und regelmäßige Behandlungen erfordern.

Das perfekte Alibi für Ihre Abwesenheit am Tage – durch einen Arzt bestätigt

Das folgende Vorgehen erlaubt Ihnen tagsüber pro Woche mindestens zweimalige Abwesenheit. Gehen Sie wie folgt vor:

Suchen Sie außerhalb der Arbeitszeit einen Orthopäden auf, dem Sie von starken Rückenschmerzen im Nacken- und unteren Rückenbereich berichten. Erzählen Sie ihm, dass Sie vor lauter Arbeit kaum noch Sport treiben könnten und immer verspannt an Ihrem Arbeitsplatz sitzen oder schwer körperlich arbeiten müssten.
Der Orthopäde wird Ihnen empfehlen, Massagen, Elektrotherapie oder Fangopackungen zu nehmen. Weiterhin wird er Ihnen Rückengymnastik empfehlen (Fitnessstudio).
Machen Sie mit der Krankengymnastik pro Woche einen Termin tagsüber aus. In der Regel bekommen Sie zwölf Anwendungen verschrieben. Behaupten Sie, es hätte keine

Abendtermine gegeben. Sie können Ihrem Ehepartner und Ihrem Chef die Übersichtsliste der Termine auf Nachfrage zeigen. Schließen Sie weiterhin einen Vertrag mit einem Fitnessstudio ab, idealerweise mit einem, das sich auf Rückentraining spezialisiert hat (z.B. Kieser-Training, Kosten für sechs Monate: € 270,-, zwölf Monate: € 380,-, 24 Monate € 590,-). Behaupten Sie gegenüber Ihrem Ehepartner sowie gegenüber den Kollegen und Ihrem Chef, der Orthopäde hätte Ihnen das Training in der Mittagspause empfohlen.

Wenn sich Ihr Orthopäde weigert, weitere Anwendungen zu verschreiben, suchen Sie den nächsten auf. Dank chaotischer EDV-technischer Zustände im Gesundheitswesen, insbesondere hinsichtlich der Patientendaten, kann heutzutage kein Arzt erkennen, welche Behandlung sein Vorgänger vorgenommen hat, sodass er Ihnen wiederum Anwendungen beim Krankengymnasten verschreiben wird.

Alibibeschaffung nach der Arbeitszeit – Strategien vom Schwimmbad bis zum Fitnesscenter

Wenn Sie absolut keine Gelegenheit haben, sich während der Arbeitszeit mit Ihrer Affäre zu vergnügen, bleibt Ihnen dafür nur noch der Abend. Dies ist jedoch die Tageszeit, zu der Ihr Ehepartner, weil er auf Sie wartet, viel misstrauischer ist und viel eher Verdacht schöpft als tagsüber. Unser erster Tipp bezieht sich daher auf Ihre möglicherweise veränderten Lebensgewohnheiten.

So schaffen Sie sich »freie« Abende nach der Arbeit

Wenn Sie zu denjenigen gehören, die in der Regel brav nach der Arbeit nach Hause fahren, würden Sie Ihren Ehepartner sehr verwirren, wenn Sie plötzlich an fünf Abenden erst um zwei Uhr morgens nach Hause kämen. Eine Veränderung der Lebensgewohnheiten macht jeden Ehepartner misstrauisch – umso mehr, je drastischer die Veränderungen ausfallen. Bereiten Sie Ihren Ehepartner daher sorgsam auf Ihre neuen Aktivitäten vor:

Sportliche Aktivitäten
Gehen Sie zum Internisten und geben Sie an, Sie litten unter zunehmender Kurzatmigkeit und geringerer körperlicher Belastbarkeit. Er wird Ihnen als Therapie natürlich empfehlen, Sport zu treiben. Teilen Sie dies Ihrem Ehepartner mit und sagen Sie, Sie würden jetzt einmal wöchentlich schwimmen gehen (für Ausdauer und Kondition) und einmal wöchentlich ins Fitnessstudio, um Ihre Koordination bei Aerobic-Kursen zu verbessern.

Soziale Aktivitäten (Kino, After-Work-Party)
Teilen Sie Ihrem Ehepartner mit, dass es Ziel der Firma sei, mit den Kunden auch menschlich einen besseren Kontakt herzustellen und dass man überlege, mit Ihnen gemeinsame Abendveranstaltungen durchzuführen. Lassen Sie dies drei Wochen oder länger einwirken, bevor tatsächlich das erste Event vor der Tür steht. Sie können Ihrem Ehepartner dann sagen »Weißt du noch, was ich dir letzten Monat erzählt habe wegen der Verbesserung des Kundenkontaktes? Nächste Woche wollen wir mal zusammen auf eine After-Work-Party

gehen.« Durch die langfristige Ankündigung gegenüber Ihrem Ehepartner wird dieser erheblich weniger misstrauisch sein, als wenn Sie plötzlich eine spontane Party für den folgenden Abend ankündigen würden.

Wenn Sie einen oder mehrere freie Abende pro Woche vorbereitet haben, können Sie diese nach einiger Zeit auch mit Ihrer Affäre verbringen. Haben Sie Ihrem Ehepartner von sportlichen Aktivitäten berichtet, gehen Sie wie folgt vor:

So treiben Sie erst richtigen und dann Bettsport

Beim Sportprogramm kommt es auf die richtige Reihenfolge und glaubwürdiges Beweismaterial für den Ehepartner an.

Das Alibi Fitnessstudio:
Gehen Sie vor dem Treffen mit Ihrer Affäre in das Studio und lassen Sie sich Ihren Schlüssel geben. Sorgen Sie mit einer netten Bemerkung dafür, dass die Dame an der Rezeption sich im Zweifel an Sie erinnert.
Treffen Sie Ihre Affäre und haben Sie tollen Sex!
Fahren Sie nochmals beim Fitnessstudio vorbei und geben Sie den Schlüssel ab.
Erscheinen Sie – wie nach dem Sport üblich – frisch geduscht zu Hause.
Der Vorteil bei dieser Methode: Selbst wenn Ihr Ehepartner im Studio anruft, kann Ihre Anwesenheit bestätigt werden, da Sie Ihren Spindschlüssel tatsächlich abgeholt haben!

Das Alibi Schwimmbad:
Gehen Sie zum Schwimmbad und nehmen Sie einen der dort ausliegenden Prospekte (z.B. Eintrittspreise etc.) an sich.
Treffen Sie Ihre Affäre und haben Sie tollen Sex!
Vergessen Sie nicht vor dem Verlassen der Wohnung oder des Hotelzimmers, Ihre Badesachen nass zu machen, und trocknen Sie sich mit den mitgebrachten Handtüchern ab.
Zu Hause angekommen, legen Sie beiläufig den Prospekt aus dem Schwimmbad auf den Tisch und packen Ihre nassen Badesachen aus. Ab und zu sollten Sie statt des Prospektes (bitte nehmen Sie jedes Mal einen anderen!) auch tatsächlich eine Eintrittskarte kaufen, die Sie dann Ihrem Ehepartner präsentieren können. Es reicht ja die billigste Variante.

Haben Sie Ihrem Ehepartner stattdessen von einem Kinobesuch oder einer Party berichtet, gehen Sie wie folgt vor:

Erst der Seitensprung, dann die Party

Da Sie nicht immer Sport treiben können (zumindest nicht in den Augen Ihres Ehepartners), bietet es sich an, von Zeit zu Zeit eine der folgenden Alternativen zu nutzen:

Das Alibi Kino:
Gehen Sie vor Ihrem Schäferstündchen ins Kino und kaufen Sie eine Karte für die Abendvorstellung. Reißen Sie den Abriss selbst ab, damit die Karte benutzt aussieht.
Treffen Sie Ihre Affäre und haben Sie tollen Sex!
Fahren Sie noch in einer Kneipe vorbei und nehmen Sie

einen Drink – denn wer aus dem Kino kommt, riecht nicht frisch geduscht, sondern eher nach Rauch.
Erzählen Sie Ihrem Ehepartner vorher nicht, welchen Film in welchem Kino Sie besuchen (»das entscheiden wir kurzfristig«) und wechseln Sie von Mal zu Mal das Kino. Stellen Sie jedoch sicher, dass Sie den Filminhalt wenigstens ungefähr wiedergeben können. Wenn Ihnen die Besprechungen in den einschlägigen Zeitschrifen nicht genügen, müssen Sie ihn sich im Zweifelsfall eben vorher selbst anschauen!

Das Alibi After-Work-Party:
Treffen Sie Ihre Affäre und haben Sie tollen Sex!
Gehen Sie anschließend irgendwohin, wo es nach Rauch riecht – das kann die Party, aber auch irgendeine normale Kneipe sein.
Die After-Work-Party ist der Idealfall für ein Alibi, da sie in den meisten Fällen bis vier Uhr morgens dauert und Ihnen damit sehr viel Zeit für Ihren Seitensprung lässt. Weiterhin müssen Sie sich an keinen Filminhalt oder Ähnliches erinnern, sondern brauchen nur zu wissen, welcher DJ an diesem Abend aufgelegt hat – und das können Sie vorher telefonisch erfragen, ohne überhaupt dagewesen zu sein.

Schluss und Aus – Beendigung einer Affäre ohne Nachwehen

Sei es, weil Ihr Partner vielleicht zunehmend misstrauisch wird, weil Ihre finanzielle Situation sich verschlechtert hat oder weil Ihr Vorgesetzter mit den Ergebnissen ihrer Arbeit nicht mehr zufrieden ist – irgendwann kann der Zeitpunkt kommen, wo es sinnvoll ist, Ihre außereheliche Liaison zu beenden.

Nur: Wie sollen Sie es formulieren, welchen Ort sollen Sie auswählen und wann ist der richtige Zeitpunkt dafür? Wie wird Ihre Geliebte/Ihr Geliebter darauf reagieren – mit Tränen, Wut oder Racheplänen? Wie werden Sie sich dabei fühlen? All diese Gedanken quälen Sie nun, und das Wort Leidenschaft erhält eine neue Bedeutung. Gerade jetzt gilt es aber, einen kühlen Kopf zu bewahren und nichts zu überstürzen, wenn aus Ihrem Seitensprung nicht doch noch eine »verhängnisvolle Affäre« werden soll.

Das Wie, das Wo und die richtigen Worte sind tatsächlich überlebenswichtig, wenn Sie Ihr Privatleben nicht zum Kriegsschauplatz erklären und täglich um Ihre berufliche Zukunft bangen wollen. Daher sollten Sie die Aussprache dieses im Prinzip sehr einfachen Satzes: »Es ist aus!« mit großer Sorgfalt vorbereiten.

Immerhin kennen Sie Ihr Gegenüber ziemlich gut, wissen, wie sie oder er in bestimmten Situationen reagiert, kennen die Motivation für die Affäre oder glauben zumindest diese zu kennen. Sie wissen also, ob Sie es eher mit einem gefühlsbetonten Menschen zu tun haben, der seine Entscheidungen mit dem Herzen trifft, oder mit einer sehr sachlichen Person, die stets rational handelt. Oder war vielleicht der Sex die Hauptmotivation seitens Ihrer oder Ihres Geliebten für diese Affäre?

Emotionale(r) Geliebte(r)

Wenn Sie es mit einem sehr emotionalen Menschen zu tun haben, wird jetzt alles, was Sie anfänglich so anziehend an dieser Person fanden, zum gefährlichen Problem. Sich auf einen emotional getriebenen Menschen einzulassen, gelingt in der Regel nur dem, der dabei selbst Gefühle investiert, wenn auch vielleicht nicht so starke. Wundervolle Erinnerungen an unbeschwerte Tage voller Zauber und Romantik, voll inniger Liebesbezeugungen, voller rosa Wolken werden zu teuflischen Qualen. Sie werden sich also auf ein überaus schmerzhaftes Ende einstellen müssen. Ihre Ex-Affäre wird jedes Detail Ihrer gemeinsamen Zeit hervorkramen und Sie damit konfrontieren. Sie müssen sehr behutsam vorgehen, um sich diesen sanften, gutmütigen und liebevollen Menschen nicht zum Feind zu machen – Sie würden staunen, wozu solch zarte Wesen imstande sind, wenn sie erst mal auf der Gegenseite spielen.

Hier nun unser Tipp für die Beendigung einer Affäre mit einer solchen Person:

Vorgehen zur Beendigung einer Affäre mit einem emotionalen Menschen

Beachten Sie bei der Beendigung Ihrer Affäre mit einem emotionalen Menschen folgende Grundsätze, und gehen Sie genau wie beschrieben vor:
– Planen Sie den Abschied mittelfristig, denn emotionale Menschen brauchen Zeit, um sich an neue Situationen zu gewöhnen – so etwas geht nicht von heute auf morgen.

- *Reduzieren Sie anfänglich die wöchentlichen Treffen.*
- *Beantworten Sie E-Mails, SMS und Anrufe nur noch sporadisch.*
- *Seien Sie weiterhin lieb und aufmerksam.*
- *Behaupten Sie, Sie befänden sich in einer schwierigen Lebensphase, wüssten nicht mehr, was richtig und was falsch wäre, alles bräche über Sie herein – sie erzeugen damit Mitgefühl und Verständnis.*
- *Vermeiden Sie romantische Situationen, weichen Sie Zärtlichkeiten aus.*
- *Sagen Sie, Sie hätten ein schlechtes Gewissen und kämen sich schäbig vor – damit kritisieren Sie sich und nicht Ihre Affäre.*
- *Sagen Sie Ihrer Affäre, sie habe etwas Besseres verdient als Sie.*
- *Geben Sie ihr/ihm das Gefühl, dass Sie nur das Beste für sie/ihn wollten.*
- *Erklären Sie, dass Sie sich niemals von Ihrem Partner trennen könnten wegen dessen Gesundheit, aus Dankbarkeit, wegen der Kinder, des sozialen Umfeldes, der beruflichen Stellung etc.*
- *Vermeiden Sie jedes Treffen zu Hause oder an romantischen Orten.*
- *Wählen Sie einen ruhigen Ort aus, um Ihrer Affäre das »Aus« mitzuteilen, aber auf keinen Fall bei ihr/ihm zu Hause.*
- *Formulieren Sie sehr sorgfältig und beteuern Sie, wie schön es am Anfang war.*
- *Nehmen Sie sie/ihn danach nicht in den Arm, sagen Sie wie Leid es Ihnen tue, dass Sie aber Ihre Gefühle nicht steuern könnten.*
- *Gehen Sie erst auseinander, wenn Ihre Affäre sich beruhigt hat, und bringen Sie sie nach Hause, um ihr zu zeigen, dass sie nach wie vor ein wichtiger Mensch für Sie ist.*

- *Stellen Sie sich darauf ein, dass sie oder er noch mehrmals anrufen wird, versetzen Sie sich in die Lage des anderen – gebrochene Herzen heilen nicht so schnell!*

Nach einer gewissen Zeit werden die Anrufe weniger und irgendwann ist alles vorbei. Oberstes Gebot bleibt: immer lieb und aufmerksam sein, den anderen nicht kränken und ihm niemals das Gefühl geben, ihn nur benutzt zu haben. Nur dann können Sie ruhig schlafen, ohne Ihr Ohr am Telefon, Ihre Hand am Briefkasten und Ihre Augen überall haben zu müssen für den Fall, dass Ihre Affäre zum Gegenschlag ausholt und Ihr Ehepartner plötzlich Post, E-Mails, SMS oder Anrufe von bis dato Unbekannten erhält oder Ihre Kollegen plötzlich über Sie tuscheln.

Rationale(r) Geliebte(r)

Bei diesem Typ Mensch steht nicht unsterbliche Liebe im Vordergrund, sondern eher der objektive Nutzen der Affäre. Von Seiten dieser Person sind keine Gefühlsausbrüche zu erwarten, und falls Tränen fließen, dann nicht aus zurückgewiesener Liebe. Ihre Affäre liebte vor allem die Abwechslung, die Sie in ihr/sein Leben brachten. Vielleicht haben Sie sie/ihn mit auf Geschäftsreisen genommen, in exklusive Restaurants und Hotels ausgeführt oder ihm/ihr teure Geschenke gemacht. Vielleicht dienten Sie auch zur Stärkung des Selbstbewusstseins Ihrer Affäre – hatte sie/er doch den Sieg über Ihren Partner davongetragen. Schließlich haben Sie alle Hebel in Bewegung gesetzt, um Ihre Zeit nicht mit Ihrem Ehepartner, sondern mit ihm/ihr zu verbringen. Sie/Er musste also schöner, begehrenswerter oder aufregender sein. All das erhöhte das Selbstwertgefühl Ihrer Affäre.

Hier ist also das Wichtigste, dieses gewachsene Selbstbewusstsein nicht anzukratzen.

Vorgehen für die Beendigung einer Affäre mit einem rationalen Menschen

Beachten Sie bei der Beendigung Ihrer Affäre mit einem rationalen Menschen folgende Grundsätze, und gehen Sie genau wie beschrieben vor:
- *Reduzieren Sie die wöchentlichen Treffen.*
- *Verringern Sie die Zahl Ihrer Geschenke allmählich bis auf Null – auch keine Blumen mehr!*
- *Vergessen Sie Ihre Brieftasche und lassen Sie Ihre Affäre das Essen, den Kaffee etc. bezahlen.*
- *Loben Sie Ihre Affäre als einen großartigen und begehrenswerten Menschen – der eine andere Beschreibung Ihrer verschlechterten finanziellen Situation als eine schonungslos ehrliche einfach nicht verdient habe.*
- *Überlegen Sie sich einen objektiven Grund, der Sie unattraktiv erscheinen lässt, z.B. emotionale Abhängigkeit von Ihrem Ehepartner, Krankheit, plötzliche Geldnot oder Potenzprobleme.*
- *Schlagen Sie Alarm: Ihr Ehepartner sei misstrauisch geworden, im Falle einer Scheidung seien Sie wirtschaftlich und emotional ruiniert.*
- *Erklären Sie, Ihre berufliche Zukunft stehe wegen schlechter Marktlage auf dem Spiel, und Sie müssten finanziell kürzer treten,*
- *das Unternehmen habe aus Kostengründen Geschäftsreisen auf ein Minimum zusammengekürzt,*

- *die Unternehmensleitung habe gewechselt, das Reise- und Bewirtungsbudget sei drastisch reduziert worden,*
- *Ihre Aktien seien ins Bodenlose gefallen, Sie seien finanziell stark angeschlagen.*

Nach sorgfältiger Vorbereitung können Sie dieser Strategie noch ein Sahnehäubchen aufsetzen:
- *Bitten Sie Ihre Affäre um finanzielle Unterstützung.*

All diese Aussagen lassen Sie in der Attraktivitätsskala gnadenlos nach unten rutschen. Aus der (dem) spendablen, gutsituierten Geliebten ist ein armer Schlucker geworden. Die Zeit der teuren Geschenke, der exklusiven Restaurants und der weiten Reisen ist vorbei. Was soll Ihre Affäre jetzt noch bei Ihnen halten? So können Sie getrost abwarten, bis Ihre Geliebte/Ihr Geliebter von sich aus die Sache beendet. Das Ego Ihrer Affäre bleibt unangetastet, und Sie sind das bedauernswerte Opfer.

Sexsüchtige(r) Geliebte(r)

War das Hauptmotiv sexueller Natur und ist Ihre Affäre davon überzeugt, dass nur Sie ihr/ihm ein erfülltes Sexualleben verschaffen könnten, erfordert die Situation fast genauso viel Fingerspitzengefühl wie im Fall des emotionalen Menschen. Die sexuelle Spontaneität, das Verlangen und die zügellose Erotik – alles, was Sie so aufregend fanden, wird jetzt zum Bumerang. Ihr Gegenüber steht vor lauter Lust und Leidenschaft am Rande der Unberechenbarkeit und möchte am liebsten keine Zeit mehr mit Reden verschwenden. Sie brauche also eine gute Strategie um sie/ihn erst mal in angekleidetem Zustand zu halten. Auch hier gilt es, den Ausstieg mittelfristig zu planen.

Vorgehen für die Beendigung einer Affäre mit einem sexsüchtigen Menschen

Beachten Sie bei der Beendigung Ihrer Affäre mit einem sexsüchtigen Menschen folgende Grundsätze, und gehen Sie genau wie beschrieben vor:
- *Sagen Sie Treffen wegen Niedergeschlagenheit, Lustlosigkeit und Kopfschmerzen ab.*
- *Erfinden Sie Arzttermine, behaupten Sie, Sie hätten Herzprobleme und hohen Blutdruck.*
- *Leiden Sie unter Kreislaufproblemen.*
- *Beklagen Sie, dass Ihr Arzt Ihnen von aktiven und anstrengenden körperlichen Aktivitäten abgeraten habe.*
- *Verkünden Sie, Sie hätten keine Lust mehr auf hemmungslosen wilden Sex, denn Sie fürchteten um Ihre Gesundheit.*
- *Schlucken Sie ständig irgendwelche Vitamine und Tabletten.*
- *Berichten Sie von Erektionsproblemen – seien Sie ständig müde.*

Wenn Sie diese Geschichten lange genug auftischen, wird sich Ihre Affäre von sich aus einen anderen Partner suchen – der sexuelle Frust und die Erkenntnis, dass Sie nicht mehr das bieten können, was der Körper begehrt, machen Sie für den sexsüchtigen Menschen zum absolut unattraktiven Partner.

Der allerletzte Tipp: Wo bewahre ich bloß dieses Buch auf?

Diese Frage, liebe Leserin und lieber Leser, ist durchaus ernst gemeint, denn keines der bislang in diesem Buch behandelten Utensilien weist – trotz des vielleicht für ein oder zwei Tage unauffälligen Tarnumschlages – derart direkt auf Ihre Seitensprünge hin wie dieser wertvolle Ratgeber. Deshalb ist Ihre Wohnung oder Ihr Haus eigentlich tabu, selbst wenn Sie glauben, es gäbe ein Plätzchen, an dem es Ihr Ehepartner nicht findet. Bedenken Sie, dass zu allen Plätzen, die nicht mit Hilfe eines ausschließlich in Ihrem Besitz befindlichen Schlüssels abschließbar sind, zumindest theoretisch auch Ihr Ehepartner Zugang hat.

Wir wollten es aber ganz genau wissen und haben daher einen in dieser Form noch nicht da gewesenen Test durchgeführt und mehrere Bekannte, darunter einen Drogenfahnder, ein Haus nach einem versteckten Taschenbuch in dieser Größe durchsuchen lassen. Sie hatten hierfür realistischerweise beliebig viel Zeit, denn die steht letztendlich auch Ihrem Ehepartner zur Verfügung. Es war überaus interessant, an welchen Orten das Buch aufgestöbert wurde: in der Waschmaschine, im Geschirrspüler, in Kleiderschränken zwischen Pullovern, in Kartons für Inline-Skates, im Bücherregal hinter einer Reihe christlicher Erbauungsliteratur, in der Mikrowelle, im Backofen, unter der Matratze des Kinderbettes, in der Spielkiste unter hunderten von Legosteinen, im Karton der Autorennbahn, in der Garage unter ölverschmierten Lappen, im Sicherungsschrank im Keller, hinter der Revisionsöffnung der Badewanne, in den Taschen von seit Jahren ungetragenen Lodenmänteln, in der Westentasche des Beerdigungsanzugs usw. usf.

Ein einziges Versteck jedoch wurde von keinem Detektiv entdeckt, wahrscheinlich weil es zu trivial erschien und kein normaler Mensch auf die Idee käme, diesen Ort überhaupt zu durchsuchen.

Verstecken Sie dieses Buch in einer Videokassetten-Hülle!

Das folgende Vorgehen beschreibt, wie Sie dieses Buch unauffällig in der Hülle einer Videokassette verstecken. Gehen Sie wie folgt vor:

Suchen Sie sich aus der Videokasettensammlung eine Kassette mit einem Film aus, der Ihren Ehepartner überhaupt nicht interessiert, sondern den Sie nur für Ihren Bedarf gekauft oder aufgenommen haben, etwas wie: »Grün und Gerade II. Die Golfplätze Ost-Brandenburgs« oder »Sissi XVII – Pflegejahre einer Kaiserin«.
Nehmen Sie die Kassette heraus und stecken Sie das Buch im Tarnumschlag hinein, bevor Sie die Hülle wieder an ihren ursprünglichen Ort zurückstellen.
Werfen Sie die Filmkassette eingepackt in eine Plastiktüte in den Müll (bitte nicht in den Hausmüll, sondern z.B. in die Mülltonne eines Nachbarn). Den Film müssen Sie opfern, denn wenn Ihr Ehepartner die Kassette irgendwo unverpackt findet, wird er oder sie misstrauisch den Inhalt der zugehörigen Hülle überprüfen.

Schlussbemerkung

Trotz unseres umfangreichen Erfahrungsschatzes, sorgfältigster Recherchen und penibelster Überprüfung aller Angaben können wir natürlich nicht für einen reibungs- und folgenlosen Ablauf Ihres Seitensprunges garantieren. Wir haben keinen Einfluss darauf, ob Ihr Gewissen Ihnen einen Streich spielt, irgendein unwahrscheinlicher Zufall oder die überlegene Intelligenz Ihres rasend eifersüchtigen Ehepartners schließlich doch zur Entdeckung Ihrer Untreue führen oder ob Sie vielleicht in einer brenzligen Situation die Nerven verlieren und Fehler machen. Wie bereits dargelegt, können wir selbstverständlich auch keine moralische Verantwortung für Ihr Tun übernehmen – das überlassen wir Ihnen. Alles, was uns an dieser Stelle zu sagen bleibt, ist: Wir wünschen Ihnen viel Spaß – und viel Erfolg beim Vertuschen.